引销学系列丛书

U0900432

销量

XIAOLIANG

唤醒你的销售力量

毛俊程◎著

SPM
南方出版传媒
广东经济出版社
·广州·

图书在版编目（CIP）数据

销量：唤醒你的销售力量／毛俊程著．—广州：广东经济出版社，2015.8

ISBN 978-7-5454-4142-0

Ⅰ．①销… Ⅱ．①毛… Ⅲ．①销售策略 Ⅳ．①F713.3

中国版本图书馆 CIP 数据核字（2015）第 171370 号

出版发行	广东经济出版社（广州市环市东路水荫路 11 号 11～12 楼）
经销	全国新华书店
印刷	广州家联印刷有限公司 （广州市天河区东圃镇吉山村坑尾路 3-2 号）
开本	730 毫米×1020 毫米　1/16
印张	12.75
字数	143 000 字
版次	2015 年 8 月第 1 版
印次	2015 年 8 月第 1 次
印数	1～5 000
书号	ISBN 978-7-5454-4142-0
定价	38.00 元

如发现印装质量问题，影响阅读，请与承印厂联系调换。

发行部地址：广州市环市东路水荫路 11 号 11 楼

电话：（020）38306055　37601950　邮政编码：510075

邮购地址：广州市环市东路水荫路 11 号 11 楼

电话：（020）37601980　营销网址：**http://www.gebook.com**

广东经济出版社新浪官方微博：**http://e.weibo.com/gebook**

广东经济出版社常年法律顾问：何剑桥律师

前言

亲爱的朋友，我们将在这本书里，运用引销学理论体系帮助你的营销团队在两个月内至少将销售效率提高 50%，在一年内至少提高 100%。

这不是我们自大，而是因为 90% 的销售队伍都由于盲目扩充人数、忽略人才培养、推崇个人英雄而埋没了团队力量。当 500 强企业在市场夺取高额利润时，国内很多企业还在因为销售团队只投入不产出而苦苦挣扎。

所以，在这本书里，引销学理论体系将颠覆你的思维，突破你的局限，让你看到：

> 你的销售团队隐藏着巨大的力量，你的销售效率还可以提高 1 倍、2 倍、3 倍……甚至是 10 倍！

销售效率提高有什么用？

让我们来做个简单的算术题：

假如你的销售团队有120人，其中100人是普通的销售人员，每人每月工资、福利、差旅、管理、办公等各项成本为3000元。

如果每个合格的销售人员每月能够接触100个客户，其中有效客户是10个，成交率是10%，每笔成交利润是6000元，销售效率是1%。于是，我们知道他的费销比是：

3000∶6000＝1∶2

在此基础上，当我们帮你把销售效率提升一倍，变成2%时，你再来计算一下：

	1%的销售效率	2%的销售效率
每月有效客户数	10	20
每月成交数	1	2
每月利润	6000	12000
费销比	1:2	1:4

请注意上表最后一行的数据：你的费销比由1∶2提升为1∶4，这就意味着：

销售效率每增加1倍，销售额立刻提升1倍，费销比提升1倍——相当于在没有增加人力，没有增加广告费用，没有增加其他任何投资的前提之下，企业利润也立即提升了1倍。

所以，引销学理论体系是让企业销量和利润提升最快的方法，也是使成本最低、代价最小的方法。

提升企业利润的最佳方法

一个企业的销售效率，一般在四个方面体现：

①引流的效率——吸引客流也叫“引流”，包括电话营销中的寻找客户名单、电话拜访；大客户或招投标销售中的业务信息搜集和关键人的关系建立；网络营销、商超或门店中的有效流量。企业与客户相互知道对方的存在，才有洽谈的可能。所以，引进客流是企业销售效率提升的第一个切入点。

②沟通的效率——客户知道企业存在之后，会判断企业的产品信息，看看企业是否符合他们的需求，销售人员是否专业，决定了客户是否会将企业列为备选供应商。所以这是企业销售效率提升的第二个切入点。

③成交的效率——客户在进行比较与了解后，会选择一个最合适的供应商交易。而客户选择的一定是解释产品最到位、最清晰的供应商。销售人员的谈判水平，直接决定了订单是否能顺利成交，所以这是企业销售效率提升的第三个切入点。

④追销的效率——客户完成交易之后，根据对产品的使用体验和信任度，客户会产生多种行为，包括但不仅限于继续采购、转介绍等。如果追销得当，可以轻松扩大销售、获得新客户。如果追销不当，则可能出现沉默、客户流失甚至是负面口碑传播等问题，所以这是企业销售效率提升的第四个切入点，也是很重要的切入点。

比较上面这四个切入点，如果企业要实现业绩倍增的话，不同的环节，有不同的难易度。很多企业喜欢盲目地采用人海战术，焦点往往落在增加客流上面。但企业的引流措施又没有经过专业设计，效率低下，因而造成大量的成本浪费甚至是客户资源的浪费。切记：

根据企业的发展阶段、业务模式、市场规模、管理水平的不同，选择的切入点也千差万别。盲目投资，很容易竹篮打水一场空。

所以引销学理论体系的魅力就在于：在不增加人力投入、广告投入和其他任何投资的情况下，借助专业的优化与调整，实现企业业绩的快速增长。因此我们不赞同盲目地通过人海战术来增加成交，对国内企业来说，人海战术是粗放式管理、过度依赖销售人员个人能力的代名词。

即使你通过人海战术，大浪淘沙地筛选出了一批超级业务员，但是这些超级业务员的业绩往往也难以弥补那些低水平销售人员造成的损失。

而且，等你培养了几个超级业务员后，他们带给你的麻烦，才刚刚开始……所以，通过人海战术来提升销售，不能作为首选方案。

综上所述，我们可以得出结论：

减少对个人销售能力的依赖，标准化分工作业，实现团队协作签单，提高销售效率是最好的优化方向，是让企业实现销售量倍增的最佳方法。

而且，我们需要强调一点：这本书的目的不是仅让你的企业销售效率提升100%，我们是想介绍一系列的思维、方法及工具，让你的企业的销售效率提升200%、500%，甚至是1000%。你可能会觉得不可思议，但是，大多数企业的成功经验告诉我们：

每个企业都具有成功的基因，每一点小小的改变都会让你的团队爆发力量，业绩立刻倍增。

现在你可能已经认识到了引销学理论体系的重要意义，那么，接下来，就让我们开始引销的探索之旅，在这本书后面的章节里，将介绍众多高效的方法与技巧，揭秘世界上最流行的销售效率优化策略。

关于引销学

销售作为引销学研究的核心内容，我们有必要在进入本书具体知识的讲解之前，先来介绍一下引销学中的销售的四个环节及其特点：

引流：塑造一个价值，让客户知道价值所在。

沟通：以信任为导向的交流，旨在缩短彼此间的心理距离。

交换：突破风险，深刻明白需求来自压力。

再销：重复消费、口碑宣传建立在满意度或只有唯一选择的基础上。

引销学与传统营销理论最本质的区别就是让对方看到自己的利益所在，将成就对方的利益放在最前边。因此，我们在以上四个销售环节中，首先要塑造一个可以让对方深切感知的价值所在，并引导对方透过价值看到自身利益的实现。在这其中，是否能对客户流量的数量与质量进行甄别，成为我们的销售工作是否有效率的重要前提。

目录 Contents

第一章

引流系统——

让销售机会源源不断

本书讨论的主要是销售型企业，也就是市场上有较大数量的新客户，需要组织较大数量的销售人员去销售的企业，所销售的产品可能是面向个人客户，也可能是面向企业客户。

销售型企业的共同点，就是依靠销售人员赚取利润；这类企业以产品为核心，以营销策划为指导，以销售工作为实施手段。但是，国内大多数此类企业，都是做产品设计或生产制造起家——这也正是“销售效率”不高的原因。

所谓隔行如隔山，以技术和产品为导向的管理者，对营销管理往往是抓瞎，只能将销售管理工作依赖于超级业务员。而超级业务员们，往往只能把自己的工作做好，一旦提拔到管理岗位，可能不仅无法培养新销售人员，还会和下属销售人员抢单，管理工作会影响到他们的销售业绩。

所以，技术、销售与管理的分家，导致销售效率成为中国90%的企业（其中包括销售型企业和即将转型为销售型的企业）的瓶颈。销售研究的是客户心理，技术研究的是产品，而管理研究的是组织协调。

它们的理论框架与方法论截然不同，所以，在教育学界将三者分为文科、理科和商科。你将在本书里读到很多第一次出现的新名词、新技术、新思维。

第一节　引销体系与销售效率优化

快速了解引销体系

在进入本书具体内容之前，让我们一起来了解一下引销体系的基本含义。

> **何谓引销**
>
> 引销就是利用“一切行为的动力是利益”这个人性规律，采用“把利益放在行为之前驱动人们行动”（利益前置）的具体方式来吸引目标对象，从而实现销售。

引销体系在销售领域应用的最大成果，就是销售效率的提升，这个过程称为销售效率优化。

何谓销售效率优化

当你有100个潜在客户名单，而最终仅有1个客户成交，那么你的团队销售效率是1%。

而经过销售效率优化，改变了你的销售“关键点”，在100个潜在客户名单中，最终有2个客户成交，那么你的团队销售效率就变成2%，提高了1倍，即增长了100%。

所以，销售效率优化就是从企业管理的高度，对销售的全过程进行组织、编排与调整，消灭销售队伍中一切无效行为，提高销售效率。

销售效率优化与传统的营销策划、销售技巧培训有很大的区别，营销策划侧重于品牌、广告等内容，主要是对外；销售技巧培训，主要关注销售人员的个人技能技巧，两者都不涉及管理和销售团队协作的问题，也不涉及对销售流程的组织、编排与调整。

而销售效率优化更多地从企业管理的高度来考虑，把个人能力问题放到第二位。形象地说，是对一群民兵进行组织管理，使他们达到甚至超过正规军的战斗力。

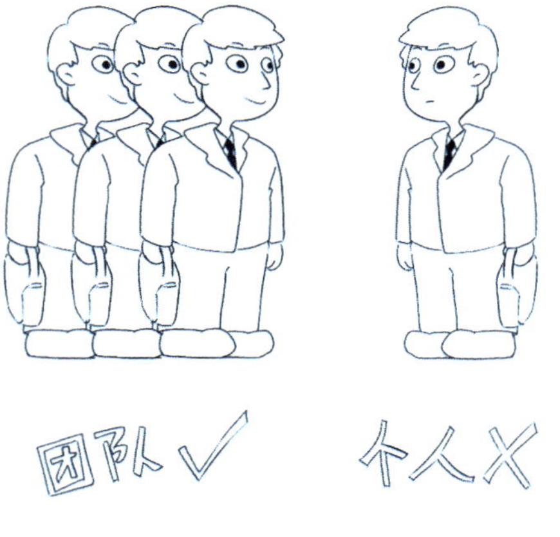

所以，毛老师常说引销体系是目前唯一对企业完全无风险的销售管理方式，不用担心员工能力不足，也不用担心咨询方案

与企业文化不吻合。一旦开始调整，对企业只有好处没有坏处，只有获利没有亏损。

90%以上的企业，在组建销售团队之初，都是对产品充满信心，不对销售效率做任何的研究，以为产品只要到了客户面前，客户就会被打动。不了解客户，仅是靠新晋销售人员本来就薄弱的销售能力和低得吓人的成交概率去开展工作——这样的团队赢利能力如何，可想而知。

所以，作为一个肩负赢利重担的企业管理者，你需要的不是一个产品研发人员，也不是一个单兵能力很强的超级业务员，而是一个管理专家，一个能帮你提高企业销售效率的人。

请记住下面这段话：

销售效率优化的根本理念

找到完成销售的捷径，标准化分工，有组织作业，设计不依赖于个人能力的企业引销系统。

无论你的产品是有形的还是无形的；是直销，还是分销……只要你的产品需要销售团队去销售，那么，你的赢利系统设计就必须考虑管理的因素。

所以，销售效率优化就是联结产品、销售、管理，把销售科学化、规范化的管理艺术。

以一个案例来剖析销售效率优化框架

2010 年初，我们接受韩国斗山机械全国总部的邀请，率领引销团队前往北京与他们的七位全国销售冠军共同研究如何对一线销售人员进行有效的训练，提高销售效率。

韩国斗山机械是世界 500 强企业，主营挖掘机、装载机等重型机械，在国内有相当大的市场占有率。因为该项目涉及企业机密，只能提供简略的大纲，但也能体现销售效率优化的一些基本思想。

我们先以这个项目为例，来探索销售效率优化的“道”与“术”。

斗山销售英雄训练营（提纲）

1. 让你更轻松地发现客户。
2. 建立客户关系很简单。
3. 高效率地跟进客户。
4. 善用谈判，让你立于不败之地。
5. 如何使你的成交更顺利。
6. 如何让客户变成朋友。

这个训练内容乍看上去，并没有什么特殊的地方，但是如果你了解了它的设计思路，就能体会到它的简洁、高效、实用，因为它体现了销售效率优化的基本框架。

销售效率优化框架

1. 关键销售节点：运用技巧去识别客户哪些行为对我们是有利的，哪些是不利的，有利行为就是关键销售节点。

2. 最短销售路径：按照某种规律引导客户不断做出有利行为，避免走弯路，直接提升销售效率。

3. 最佳销售策略：寻找最优行为，进行技巧与话术优化。

项目从1月份开始，最终在2月5日通过讨论定稿，并开始运用该内容对全国2000多名一线销售人员进行强化训练，中间虽然隔了一个春节，但效果仍然很明显。

2010年5月，斗山的市场销量增长率高达136.64%，训练实施两个月，实现销量倍增，超过第二名43.91%，稳居销量榜首位置。全员销售训练有了明显的效果，企业非常满意。

本月排名	企业	市场销量	
		市场销量（台）	同比增长
第1	斗山	620	136.64%
第2	现代京城	557	92.73%
第3	小松	531	83.10%
第4	日立建机	518	68.18%

（《2010年5月挖掘机市场报告》来源：中国工程商贸信息中心）

销售效率优化的秘密

销售效率优化其实就是对销售进行科学化管理的成果，这套框架是根据科学管理之父费雷德里克·泰勒（Frederick winslow Taylor）的IE工业工程理论设计的。

1898 年，在伯利恒钢铁公司大股东的鼓动下，费雷德里克·泰勒以顾问身份进入伯利恒钢铁公司，此后在伯利恒进行了著名的“搬运生铁块试验”和“铁锹试验”。

搬运生铁块试验，是在这家公司的五座高炉的产品搬运班组大约 75 名工人中进行的。这一研究改进了操作方法，训练了工人，结果使生铁块的搬运量提高 3 倍。

铁锹试验是系统地研究铲上负载后，对“有效行为”的标准进行了研究。这一研究的结果是非常杰出的，堆料场的劳动力从 400～600 人减少为 140 人，平均每人每天的操作量从 16 吨提高到 59 吨，每个工人的日工资从 1.15 美元提高到 1.88 美元。

IE 几乎成为工业科学化管理的代名词，后来日本丰田公司在实战中进一步提出了“精益思想”，其核心是“一切不必要的行为都是浪费”。

这个观念非常好理解，比如当企业向一个客户推销设备时，我们常常见到销售人员第一次是聊天、第二次也是聊天、第三次还是聊天，每次聊天都是凭感觉进行的。一个客户要沟通十几次才能走向成交，而如果一切顺利的话，可能只要 5 次就可

以签约，中间有大量的无效动作。优化开发一个客户的效率的前后对比，可以看下表：

阶段	获得效果	洽谈次数	
		优化前	优化后
每周最多沟通次数		30 次	30 次
引流	客户关注	2 次	1 次
沟通	客户信任	5 次	3 次
成交	订单	3 次	1 次
追销	转介绍	3 次	1 次
总次数		13 次	6 次
每周可完成订单		2.5 笔	5 笔

请注意上表最后两行数字，每个员工每周可用于沟通的时间是有限的，约为 30 次，销售效率较低的员工，每周只能完成 2.5 笔，经过优化的员工，每周可完成 5 笔交易。这意味着：

只要保证销售人员的销售行为都是有效的，就能使销售效率倍增。销售效率优化的秘密，就是保证销售人员能够拒绝浪费时间，一直引导客户采取有效行为。

接下来，我们对销售路径进行优化，第一阶段的目的就是让客户记住企业的产品特点，并且主动提出想看产品资料，这就是有效行为，也是关键销售节点之一。这个行为出现得越早，意味着销售效率越

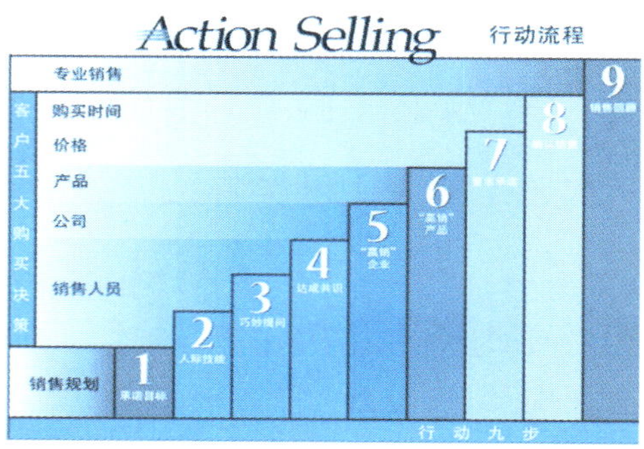

图 1－1　营销大师科特勒的行动九步

高。销售人员引导客户突破每一个关键的销售节点，这些关键销售节点的顺序就是销售路径。

营销大师菲利普·科特勒（Philip Kotler）在《行动销售》中提出行动九步，中间提到销售人员必须遵循“建立信任→挖掘需求→达成共识→介绍企业→介绍产品”的流程，才能胜利走向成交。

客户采购一台设备，只有当这个销售人员看起来不讨厌，而且挺专业的时候，才能博得客户的基本信任。然后还不能急于报价，要不断地和客户沟通，挖到客户的真实需求，并建立更深的信任与好感。最后的成交在促成手段之下，往往是水到渠成的事情。

真实需求

这就是客户购买产品的过程，客户的决策都是有一个流程的，不同的行业、不同的产品，决策流程略有差别。如果没有按顺序来，就可能延长成交周期，浪费时间，甚至导致交易失败。所以，企业的销售人员也不得不遵从这样的流程，因为这就是“人性”。

企业在进行销售效率优化的时候，更没有可能去改变上述的流程，而只能去发现最短销售路径，并要求所有销售人员顺从它。只要顺从它了，回报给企业的就是更短的成交周期，以及更高的销售效率与更大的利润。

最后，才是为最短销售路径的每个关键销售节点寻找最佳销售策略。即使是超级业务员，大多数也没有想过客户为什么会跟自己成交，他们只是凭着自己的感觉去面对客户，然后再跟着自己的感觉去调整策略。

这种感觉，是无法作为经验复制和传承的，超级业务员和卓越销售团队之间，并没有必然的关系。销售管理，不仅是艺术，更是科学。必须采取科学的原理及方法论，才能让你的销售团队成为“印钞流水线”，而不是手工小作坊。

流　水　线

因此，销售效率优化专家必须能够抓住关键销售节点、找到最短销售路径并提供最佳销售策略，以此为依据对销售工作进行组织、管理和训练。

我们在本书中提供了一条便于学习、具有一定通用性的最短销售路径，不同行业的企业在此基础上略作调整，就可以获得自己行业的销售效率优化方案。在后文中，我们将根据前言中所提到的四个切入点，来详细解释销售效率优化的实施方法。

第二节　找流量——新客户开发效率倍增

中国经济正以前所未有的速度增长，从过去的产品为王，到当前的质量为王，并已经开始逐步过渡到终端为王、渠道为王、销售为王的阶段。

所以，超级业务员成了各个企业最稀缺的资源，打造有战斗力的销售队伍也是企业梦寐以求的事情，销售队伍建设已经成为企业战略发展上必须攻克的重要堡垒。

客户，你在哪里？

很多客户都有这样的困惑，有需求的时候不知道去哪里买产品，到处询价找资料；没需求的时候天天受到销售人员的骚扰。销售人员也有着困惑，天天冲市场挨客户的白眼，时间全部浪费在寻找新客户上面，严重影响业绩。

所以，找到那些有意向的客户，开展精准的销售活动，节约成本，提高效率是所有销售一线和管理者都头疼的问题。其实客户都有特征，具有相同特征的客户一般都密集活动在一些特定的场合。

这里会提到客户的几个类别：

客户：和你成交过。

意向客户：已经产生意向，很可能会成交，也叫作准客户。

目标客户：你认为这一类人有可能和你成交。

按常理来讲，既然是找客户，当然应该去目标客户集中的地方找。我们以证券、期货、外汇为例来谈谈找目标客户的问题：

国内有很多期货和外汇公司，在他们的销售人员眼里，只要是有钱的人，就是他们的客户。于是他们寻找目标客户的方法就是到处买名单，名单上的人都是他们的目标客户，由于客户质量差，只有努力增加沟通数量，再加上运气，才可能完成销售任务。

另一种公司是证券公司，国内各大券商的主要销售渠道是银行驻点，只要有客户进入银行办业务，券商驻点销售人员一定比银行的工作人员更主动地上前来，询问办什么业务，而且还帮你拿号，然后根据你办理的业务判断你的情况，展开销售。

期货、外汇公司把有钱人当作目标客户，没有错；而证券公司把储户当作目标客户，成本更低、效果却更好。选择目标客户的方法不同，销售效率就不一样。

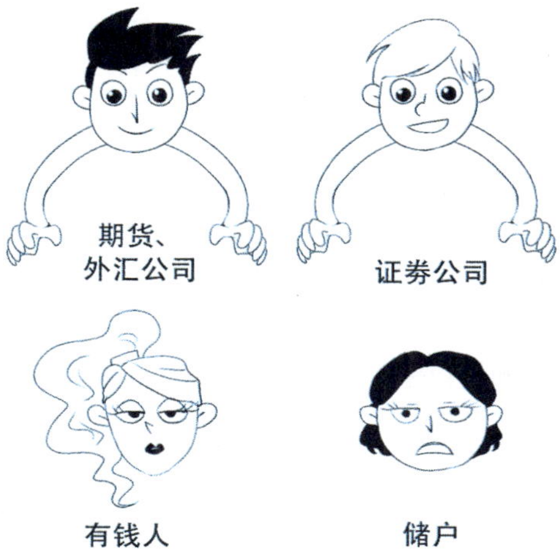

客户特征分析

只有市场阅历丰富的销售人员才能细分出最佳客户的特征。只有细分出最佳客户，才能提高销售效率。

晶辉的客户特征分析

晶辉是一家为企业制作网站和进行网络广告的企业。我们将“晶辉”的客户特征描述为：

1. 销售团队在 20 人以下。
2. 老板自己就是“超级业务员”。
3. 企业已经有网站，并在百度上参加了竞价排名。

因此销售人员只要去百度上搜索，就能找到目标客户。

引销团队帮助晶辉进行为期 12 个月的销售效率优化，业绩及企业变化如下表：

	2009 年 12 月	2010 年 12 月
员工人数	7 人	76 人
客户数量	80 家	650 家
年营业额	60 万元	1200 万元
营业额提升	2000%	

在百度上打竞价排名广告的企业本身已经自有网站，对网络营销也非常重视，而且我们从他们投放广告的方式上就可以很容易地看出这家企业究竟懂不懂网络营销。

这些企业一定是对网络营销当前的效果不满意，但是仍然抱有极大的期望。我们把这些企业称为有即时需求的客户——他们现在就有不满，现在就有痛苦，就等着别人来把解决方案卖给他们。

所以，我们对很多企业进行调研，发现客户特征分析都没有做好，销售人员还是在盲目撒网，这样就严重影响了销售效率。

深圳香雅的主要品牌是五谷磨房，出售的是杂粮半成品，最出名的商品就是固元膏。

在五谷磨房与商超的谈判过程中，商超一度想将五谷磨房安排在粮油区。

后来经过五谷磨房的争取，最终落户熟食/生鲜区，原因是经过客户特征分析，五谷磨房发现购买固元膏的客户主要是家庭主妇，而她们平时逛得最多的就是熟食/生鲜区。

于是营业额发生了奇迹般的变化：第1年90多万元、第2年400多万元、第3年3200多万元、第4年1.7亿元。

短短四年，创办于2006年的深圳香雅食品有限公司交出了一张让业内颇为羡慕的成绩单：自2006年创建以来，连续三年年均复合增长率达到500%。

2010年初，香雅获得软银赛富亚洲投资基金2000万美元的投资，这也是国内现磨药膳养生行业获得的首笔风险投资。

客户特征分析的价值就在于：

图 1－2　毛俊程老师（左 1）与香雅集团销售总监王总（左 2）在培训现场进行专题研讨

客户特征分析的意义

对产品、采购者、使用者进行综合分析，发现“即时需求”客户所具有的特征。

根据客户特征检视现有客户接触渠道是否精准，并对其进行优化，提高销售效率。

超级话题

运用客户特征分析，可以直接提高销售人员寻找客户的效率，只是销售人员有可能忽视一点：

客户的注意力很容易分散，90% 的人在瞬间就可以判断有没有必要进一步了解你的产品，对于“赤裸裸”的推销行为，则会怀着巨大的抗拒直接躲开。

我们形象地把这个时间比喻为“生死瞬间”。对于面对面销售，这个“生死瞬间”大约有几分钟；电话销售大约是 10 秒；现场导购和网络营销甚至只有 5 秒。

销售人员必须在“生死瞬间”之内，引起客户对个人、产品、企业任何一点的好奇，立刻抓住客户的注意力，与他沟通下去。所以，好的销售人员在开口的第一句话都不会谈卖什么产品，而是提出一个让客户一听就来精神的“超级话题”。

深圳苏宁电器的丽景城店，客户进入空调卖场时，导购通常不会问“要买什么空调”，而是说：“天气热了起来，人觉得很不舒服，不是吗？”

客户通常会回答：“恩，天气太热了。”

接着导购就会立刻跟进说：“您买空调是一个人用，还是家里人用？”开始挖掘客户需求。

提出一个“超级话题”就可以高效率地留住客户，很多人听到这个超级话题，都会不由自主地回应。在接下来的沟通中，销售人员就可以开始询问客户目前的状况，顺利突破“生死瞬间”，引导客户进入下一阶段的销售环节。这就是“超级话题”的价值。

> **“超级话题”的意义**
>
> 运用客户不得不响应的内容来突破对方的本能抗拒，在一瞬间就快速建立沟通氛围，让客户提供更多信息。

所以，我们经常采用“超级话题”的方式，提高对目标客户的销售效率。此处需要强调的是“超级话题”远不止销售人员的话术那么简单，比如面对面销售的产品实物、书面材料、卖场和门店的宣传物料，都可以成为“超级话题”的载体。

威海大黄页在2006年进行了一次另类宣传，由四个光头男子，头上贴字在家装市场展示，引起大量网站转载，报纸也对事件进行了报道，结果是全大连都知道威海大黄页有个家装黄页，成功塑造了一个“超级话题”。接下来销售人员在销售时，很轻松就能从这个“超级话题”开始，与客户切入正题，仅用2个月就完成了以往半年的成交量。

图1－3　威海大黄页宣传（9月30日《威海日报》）

“超级话题”内容越新颖、与竞争对手差异越大，就越有效；

展示形式越丰富、对销售人员个人能力的依赖越低，可操作性就越强。如果你的竞争对手也是这么开场的，你的“超级话题”就要随时变化。这就是“超级话题”的特征。

“超级话题”的基本特征

1. 彻底隐藏成交企图。

2. 让客户下意识跟随或回答，自然进入状态。

3. 具有创新性，与同行常用口径有明显的差异，让客户内心发出“咦”的声音，对你本人、产品或企业产生好奇。

其中，第 1 条必须做到，第 2、3 条任意满足一条即可。

万事开头难，而客户特征分析和“超级话题”则是早期销售效率优化的重要工具，销售团队的思维水平，不会超过销售管理组织者的思维高度。所以，销售效率优化负责人，不能把企业的业绩，都委托给基层销售人员，不能依赖于一些销售人员的个人素质。

而是应该由自己做主导，提出一些明确而大胆的方向、策略，让大多数销售人员做到有的放矢、有章可循。最后请记住：

把销售人员投放到未知市场去摸索，是最大的成本浪费，因此企业必须完成客户特征分析。

用粗暴的推销来对待目标客户，不断地收获拒绝，是更大的浪费，因此企业必须设计“超级话题”。

这样，一家公司就可以把有限的资源投入到精准市场中，并且受到每一个目标客户的关注，这会令销售效率大大提高，将成为实现业绩倍增最有力的发动机。

第三节 流量池——让意向客户“自投罗网”

根据常识，见过或听说过企业的产品或品牌的客户，一定比了解过我们的客户要多得多。而了解过我们的客户，又比已成交的客户多得多。

比如企业网站上有很多匆匆过客，凡是浏览该企业网站的人，一定是对企业的产品感兴趣，但是这些客户却流失了；凡是进入企业门店的客户，一

定不排斥企业的商品，但是这些客户也流失了；凡是来门店咨询的客户，一定对企业的服务感兴趣，可最后这些客户也流失了。

> 业绩倍增，甚至以 10 倍速增长之道，就是建立一个“流量池”，把所有意向客户都网罗在里面，通过一套标准化的培育程序，让客户在产生即时需求的时候，会主动找你交易。

企业如果只抓住那些意向最高的客户提供服务，就像吃奶油蛋糕时只吃奶油，却把蛋糕扔了，实在是太浪费了。

超越找客户的“流量池”

“流量池”与传统客流量的概念有很大的区别，企业不仅要做到增加客流量，还要把这些转瞬即逝的客户永久固定下来。因为，95% 以上的客户，不会在第一次见面就与你成交，企业必须通过持续地接触，才能不断增加客户对品牌、产品的认知，提升销量。

图 1－4　传统网站电子刊物订阅界面

很多企业没有客户特征分析，也没有“超级话题”吸引客流，即使有了少量的客流，也没有储存下来，这时候就要建立“流量池”。“流量池”的作用是：

> 把走过的、看过的、成交的、不成交的意向客户，一网打尽，获得足够的意向客户资源，通过后期的培育和追销直接实现业绩快速提升。

互联网最早期的免费订阅电子刊物就是一个典型的“流量池”雏形。

不放过每一个来浏览的客户，只要存储了意向客户的联络方式，通过持续的联络和刺激，最终就可以实现销量。“流量池”进一步强化了存储客流的观念，要做到最有效地存储客流，必须要为“流量池”建立一个清晰、显眼的入口。

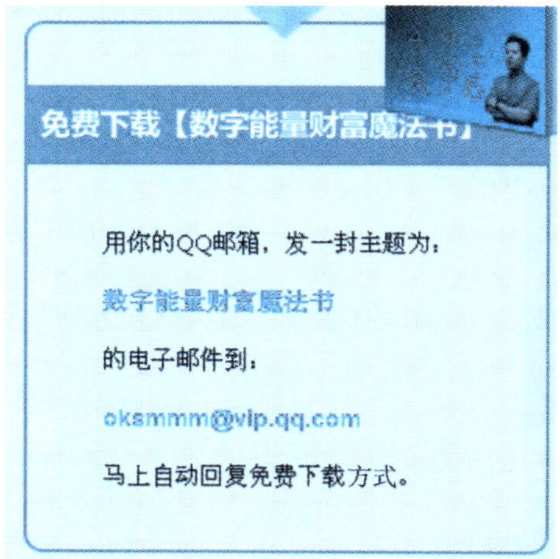

图 1－5 《数字能量财富魔法书》的“流量池”设计

请看李臻舜老师《数字能量财富魔法书》的页面（http：//www. shengmingmima. com/a/index. htm）。

页面一打开，来访者立刻就会关注到一个兼具视觉冲击力和内容冲击力的“超级话题”：

> 你的手机号码居然是你未来命运的预言……

然后立刻受到免费下载的诱惑，在“流量池”入口处填写姓名和手机号码。这就是“流量池”的重要意义。

“流量池”能够通过具有超强吸引力的入口，让尽可能多的目标客户自投罗网，为未来的进一步销售打下坚实的基础。

“流量池”不仅能应用于网络上，还能应用于线下的销售。2009 年，受成都市旅游局委托，东亚银行启动了申领“熊猫金卡”的活动。客户只要留下手机号码即可获得免门票（门票价值 708 元）游览都江堰、熊猫基地、刘氏庄园、天台山、青城山、西岭雪山前山、西岭雪山滑雪场、武侯祠、杜甫草堂、金沙遗址博物馆、永陵博物馆等 11 个重点景区的“熊猫金卡”。

有经济实力外出旅游的客户，恰恰是银行金融产品不错的目标客户群；而对西部旅游感兴趣的客户，恰恰是成都市旅游局的目标客户群。免费游景点就成了一个最好的入口，总值高达 708 元的“熊猫金卡”，足以驱动客户提供联络方式，进入“流量池”。所以，这是一个在目标客户聚集区营造“超级话题”，并运用“流量池”储存客流的典型案例。从这几个案例中，我们可以看出“流量池”的特征。

“流量池”的基本特征

1. 具有一个兼具吸引力和驱动力的入口。

2. 意向客户主动上门提供自己的信息。

3. 意向客户信息采集、储存全程自动化，基本不需要依赖销售人员或导购的个人能力。

“流量池”的构建方式可以是邮件列表、QQ、QQ 群、企业QQ、博客、微博、论坛、会员管理系统，或者是客户管理系统。

总之，只要企业有了足够的意向客户资料，就有了销售的基础，否则，在没有客户的情况下谈业绩，只能是空谈。

第四节　销售漏斗——剔除浪费时间的客户

即时需求与潜在需求

一个急着要买房子结婚的人，和已经有一套房产，没事到处看看的人，心态是完全不同的。对前者需要用直接、清晰、不兜圈子的销售方式——因为，此时客户属于 A 类——直接寻找问题的解决方案。

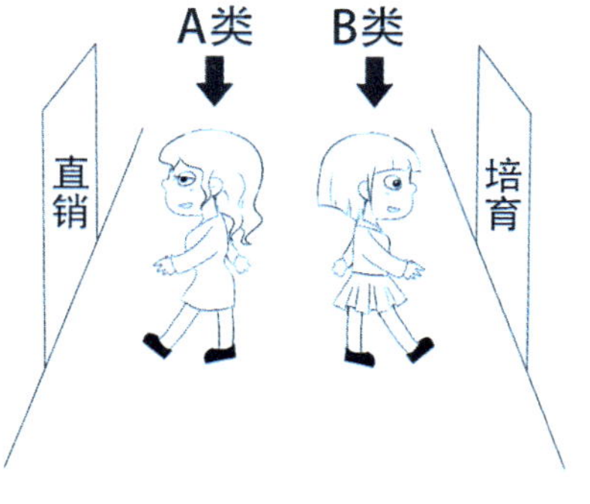

但是企业面对的大多数目标客户，他们对于你要推销给他的产品并不了解，欲望也是模糊和隐性的——此时属于典型的B类。不能对B类客户进行直接推销，而要增加一个“培育”过程。

让他们对产品的欲望快速上升，这样他们才会付诸行动。

ABC 客户分类

关于ABC三类客户的划分，我们可以简单介绍如下：

ABC 三类客户划分

A类：抱着清晰的问题，主动寻找解决方案的人，而且具备支付能力。

B类：抱着模糊的问题，被动等待解决方案的人，具备支付能力。

C类：没有认识到问题，也对解决方案没兴趣，或是想解决问题，但不具备支付能力的人。

每一个产品的细分市场里，都存在着ABC三类客户，其中C类占绝大多数（80%），B类其次（19%），A类最少（1%）。如右图所示：

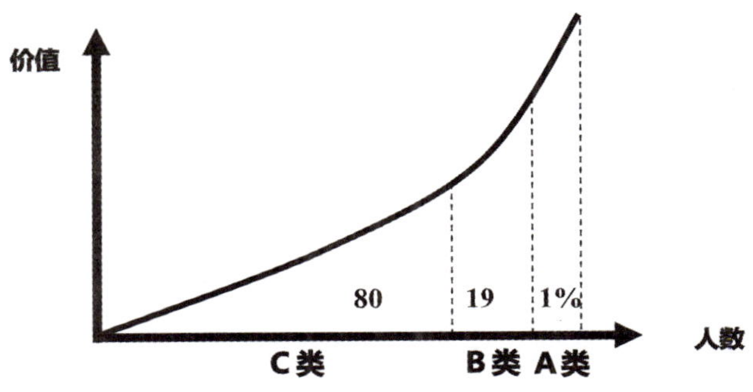

图1－6 ABC三类客户分布

这三类客户由于消费欲望、支付能力存在差异，导致推销难度不同。经过“流量池”的优化，必然会带来大量的客流。面对大量涌向企业的目标客户时，企业必须有能力去识别哪些是A类，哪些是B类，哪些是C类。

如果有必要，企业可以设置门槛，搁置B类，放弃C类，主攻A类。当然我们这里说的搁置和放弃都是暂时的，在第四章“追销”的部分，我会详细教大家如何对B类甚至C类进行销售，事实上销售型企业很大一部分营业额都来源于B类。

前面我们说过的有即时需求的客户，就是典型的A类。

销售漏斗

如果一个客户是A类客户，那么他的脑海里一定对如下信息有清晰的概念：

1. 采购时间：估计什么时间会买，以及要求的交货期。

2. 采购预算：有多少预算。

3. 采购量：这次大概需要多少。

4. 决策流程和周期：产品资料需要报给哪些领导审批。

这就是“销售漏斗”：把那些含金量最高的客户筛出来，其余的客户还留在“流量池”里面，这样可以优先处理立刻产生销量的客户。所以，现在你只要根据你的A类客户特征，把“销售漏斗”设计出来，让销售人员去询问目标客户，就可以大大节省销售人员的时间，提高销售效率。

21世纪不动产是一家全球知名的房地产中介机构，当有客户上门时，工作人员绝不急于介绍，而是会先用“销售漏斗”确定客户的情况，他们的“销售漏斗”包括：

1. 客户买房的目的：上班方便、小换大、改善居住环境、给老人买、买房结婚等。

2. 付款方式：全款或者贷款，这笔钱一般在看好房子后的多长时间内能到位。

3. 是否了解最近的贷款政策：关于购买第二套房的规定等。

为了实现销售效率优化，企业需要建立“销售漏斗”，以减少无效销售行为。从客户的角度看，他们自己对成交要注意和准备的事项并没有概念，通过“销售漏斗”可以立刻使客户明确自己的需求，也显得销售人员非常专业。

“销售漏斗”的意义

快速解决交易中可能出现的一些基本问题，在极短的时间内实现交易双方的初步了解，加快交易进程、减少阻碍、提高销售效率。

我们根据引销体系的“销售漏斗”提出了几个问题，你不妨拿这几个问题来问一问自己：

1. 公司销售人员每周拜访多少目标客户？
2. 每周能够接触到多少个决策人？
3. 有多少决策人向销售人员说明需求？
4. 你是不是真的想实现业绩倍增？

在提问之前，如果只是觉得企业的销售业绩不好，需要改善，然后到处看有没有改善方案，那么你的需求就是模糊的。

通过这个“销售漏斗”，你立刻就能知道你的企业销售效率有没有提高的空间；

应该从哪个方面切入改善。如果上面两个问题你弄明白了，而且第 4 个问题的答案是“是”，你就从 B 类客户状态进入了 A 类客户状态——抱着清晰的问题，主动寻找解决方案。

所以，“销售漏斗”如果用得好，有些 B 类客户——对解决方案不清晰的客户，甚至会直接转为 A 类客户。

“销售漏斗”的基本特征

1. 来源于对 A 类客户的特征分析。

2. 能够迅速识别客户需求的真实性和紧迫性。

3. 能够帮助客户理清自己的真实需求，还可以帮助销售人员了解客户情况。

第五节 引流示例：从 4% 的成功率到 30%

2010 年底，我们接受山东中德设备有限公司和济南金智源企业管理咨询有限公司的共同邀请，帮助山东中德进行销售效率优化。山东中德是国内最大的啤酒酿制设备生产商，以前是典型的制造业，以外销 OEM 为主，后来逐步进入内销

市场。引销团队介入之前，该企业在全国约有 200 名销售人员。

引销团队进入企业调研后，发现销售业绩不错，而且在很多环节上，销售效率还有很大的提升空间。经过评估，引销团队认为有足够把握实现业绩倍增，于是于 11 月中旬正式启动项目。

我们发现销售人员没有“销售漏斗”的意识，在每个客户身上都耗费了大量的时间。因为可优化的环节较多，为了尽早让企业见到效益，我们决定从这里入手。

我们分析了中德销售人员与客户的状况，对 A 类客户特征进行了分析，发现 A 类客户具有如下特征：

1. 餐位数在 200 个以上。
2. 用餐高峰期上座率不低于 60%。
3. 人均消费高于 40 元。
4. 没有被其他啤酒品牌包场。

我们帮中德设计了“销售漏斗”的应用渠道：通过收银、清洁工、保安来搜集相关信息和客户的联络方式。在优化前，销售人员开发有效客户的效率只有 4%，项目实施半个月后，开发有效客户的效率就提升到 30%，提升接近 8 倍，企业获得丰厚回报。目前我们与山东中德已经展开销售效率优化第二期项目：最短销售路径设计与团队优化。

引流阶段是一般企业最容易实现销售效率优化的阶段，只要掌握了科学的方法，很容易就能增加有效目标客户和意向客户数量。我们来做一个简单的计算，假设单客成交额是50000元，目前企业的成交能力是2%，也就是100个意向客户成交2个。

	优化前	优化后
每月有效客户数	100	200
每月成交数	2	4
销售额	10万元	20万元

可以看出，如果成功对引流阶段进行优化，企业甚至不需要对销售人员进行什么培训，凭销售人员当前的成交能力，把那些被无效客户占用的时间找回来，用到有效客户身上，就足以实现业绩倍增。

第六节　有效流量的合作化导流

一、黄金客户需求前点的找寻

每个经济行为体的活动总是有规律可循的，黄金客户同样如此。我们在梳理流量的过程中，不仅要根据营业额和利润率的参照标准来衡量黄金客户，同时还要对客户在时间序列上的消费行为进行逻辑推导。在进入到我们的产品销售环节之前，所有的客户都会进行其他相应的消费，那就是我们要寻找的需求前点所在。例如，多数移动电话客户在买卡之前都会先买一部手机，那么手机经销商就是电话卡的消费前点。

只有与客户的消费前点进行合作，我们才有可能在较短的时间内将有效流量吸引过来。因此，客户的需求前点就成为我们引销过程中的重要宿主。如何实现合作导流，就成为我们引销学精髓是否得以转换的关键点。

二、寻找宿主与自身的相关性特征

我们都明白，任何商家都不会轻易地和不相关的人进行合作。因此在分析目标客户需求“前点”之时，首先要考量我们自身的产品特点与对方经营的产品之间有什么相关性。然后我们要考虑如何帮助合作对象提升销售业绩。在帮助合作对象的前提下，提出自己的合作方案，这是引销学种利得利思想的具体实践方式。因此在设计方案之时，我们首先要让对方看到合作的结果，在强调对方零成本的同时，还要指出合作方案会如何帮其实现效益递增。

很少有人会拒绝对自己有利无害的事物。我们在分析宿主需求的时候一定要遵循利他原则，让对

方深切感受到我们的诚意。从宿主的角度出发来寻找其最急切需要解决的难点，提供一些我们力所能及的帮助，并形成相应的合作方案，隐藏利我的企图。

引流系统全面回顾

整个引流阶段的优化过程，可以描述如下：

1. **找“流量”**
   找到目标客户的特征，分析出目标客流最大的位置，为进行高效吸客做准备。
2. **建“流量池”**
   在目标客户聚集地设置有吸引力的“流量池”入口，开始大规模吸客。
3. **用“销售漏斗”**
   对“流量池”内储存的客户进行筛选，找出更精准的客户，展开销售。

图 1－7　引流阶段流程全面总结

拥有了上述的架构图，就可以清晰地引导企业在引流阶段进行销售效率优化。但是，引流方法再好，意向客户再多，也需要有销售人员去谈生意。接下来，我们学习另一个极为重要的阶段：沟通。

第二章

沟通系统——引导客户的“内心对话”

美国直邮销售大师罗伯特·克利尔说：

> 不管你推广什么样的产品或服务，你必须首先了解你的潜在客户的“内心对话”。

经过多年对销售型企业的研究与实践之后，我们对上面这句话深为赞同——每个客户都憎恶被轰炸和说服，每个客户都希望在购买过程中充分体现自己的智慧和决策权。

即使是销售人员在进行说服工作，也要让客户感觉到每一步都是自然发生的，每一步都是自己决策的。

所有的客户都有决策流程，当销售人员的沟通顺序和客户的决策流程不合拍的时候，哪怕你说得再多，客户也疑虑重重，拖而不决，甚至转身离去。

相反，当销售人员的销售过程与客户的决策流程完全同步时，客户和销售人员沟通的时候会感觉到非常舒服，很容易理解产品的信息与价值，也很容易做出购买决策。

> 因此，销售沟通过程的组织极为重要，它可以直接引导客户的“内心对话”，从而极大地提高销售效率。

第一节　沟通效率优化的三个原则

目前国内很多销售经理、销售主管，个人与客户沟通时效率非常高，也很努力地激励下属去和客户沟通，但下属的沟通效率依然很低，不断地浪费销售机会和时间，令人非常纠结。

销售管理者在教下属的时候，90%都偏重于销售技巧，却忽视了技巧运用的时机。这样去培养下属，下属学的时候掌握了十几甚至几十种技巧，信心百倍，但是由于不知道时机，实战中一招都用不出来，效果并不理想。

广州某医疗设备公司的销售经理，他的销售风格是在客户面前进行大量的数据分析，比如自己与竞争对手的对比，投资回报分析等，业绩很不错，于是他也教他的下属按照这样的分析去说服客户。

我们经过调研才发现，该经理是先快速激发客户的兴趣，当客户考虑到收益或者提到竞争对手的时候，才进行数据分析。

而他下面的销售人员，与客户一见面就开始不断展示数据，不断地说自己有多好。客户对行业与该公司的竞争对手都不了解，因此无论销售人员说什么，客户都觉得是在吹嘘，当然会失败。

所以，如果你现在还是把提高销售额的希望，寄托于销售技巧和销售人员个人能力的成长，那么你的业绩提升之路，就非常漫长了。而如果你能把握沟通效率优化的三个原则，就可以快速建立起一个高效率的销售系统：

1. 客户适用。
2. 过程可控。
3. 引导为主。

（1）客户适用——符合客户的决策流程。

如果一个销售人员第一次见面就拿着协议要你签字，你会相信他吗？每个客户都有一个决策流程，客户的决策流程对于大多数销售人员来说，就像迷宫一样：岔路之中还有岔路。每次走进一个岔路，销售进程就要倒退，甚至重新开始。

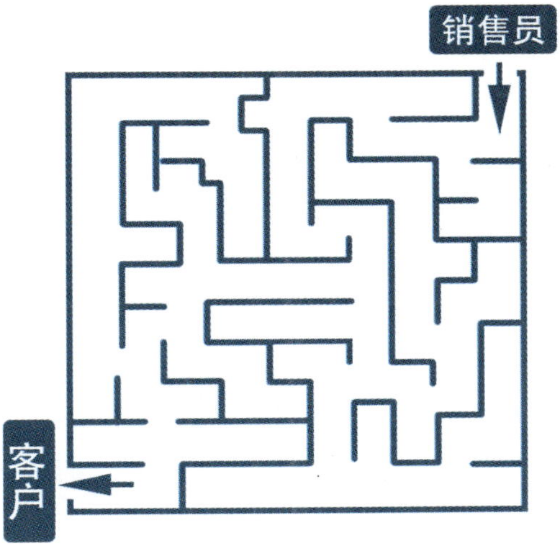

在对客户进行销售的过程中，最怕的就是夜长梦多。你走的岔路越多，拖的时间越长，出现意外的可能性越大。所以，资深的销售人员很少遇到意外。

不同行业、不同客户，迷宫各不相同，所以，在展开销售前，销售人员就必须清楚地了解走出迷宫的最短路径，才能在沟通阶段实现销售效率优化，缩短销售周期。

（2）过程可控——销售进度是明确、可控的。

对销售进度进行监控，是企业销售系统必备的要素。如果企业只是告诉销售人员该做什么，你很快会看到销售人员回来向你抱怨这个方法不好用。

有时是因为销售人员使用销售方法的手法有瑕疵。但大多数情况，是因为销售人员根本就没有运用你提供的方法，可能是无法发现合适的时机，也有可能是根本不敢去用。

所以，对销售人员执行每一个关键销售策略的情况，你都必须进行监控。

销售管理者最容易犯的错误之一就是：一个策略下去，感觉没什么用，又换一个策略。这样企业最后根本不知道以前的策略为什么无效、哪里无效、是不是真的无效。

大量的有效策略，就在销售人员上报的虚假结果和抱怨中，被埋没了。

（3）引导为主——引导客户而不是说服客户。

销售人员在与客户沟通时，需要不断地观察沟通的内容，一旦发现出现偏题状态，就要即时提问，将讨论的话题拉回到最短销售路径上来。

这种拉回不是通过销售人员主动去要求，而是通过提问让客户自己愿意回来。

一旦客户有自己在被销售人员牵着走，或是被要求等感觉，客户的“防御体系”就会立刻发生作用，销售人员就进入了低效率的岔路，前期的某些工作就不得不重新开始。所以，一定要用最符合客户“内心对话”的模式与客户沟通。

谁也无法说服他人改变。我们每个人都守着一扇只能从内开启的改变之门，不论动之以情或说之以理，我们都不能替别人开门。

——20 世纪经典心灵著作《宝瓶同谋》：玛丽琳·佛格森

所有的客户，实际上最终都是被自己的决策所说服，并不断地为自己决策的正确性寻找理由。如果销售人员的主张，能够成为客户的决策，销售人员的销售难度就会大大降低，销售人员也会从“推销”转变为“协助客户完成决策”。在实践中，我发现，运用“信任 + 认知 + 成交”的组合是有效的，下文我会详细讲解这种组合的威力。

第二节
最短销售路径——使销售人员与客户同步

销售的过程就是一个不断构建信任的过程，有多大的信任就会有多大的成交量。

“最佳销售策略”就是销售路径的核心

客户的信任不是凭空出现的，也不是销售人员的一种感觉。客户要通过销售人员的行为去建立信任感，同时客户对企业的信任也会通过他的行为表现出来。

这些行为越多，客户对企业的信任就越强，最后的行为就是成交，这些引发客户行为的策略，就是最佳销售策略。

客户每做出一个有效行为，企业就认为销售有进展。有的人要经过三四次沟通，才能有一次进展，而有的人只要进行一次沟

通，就能有一次进展。

所以，有的人一周可以让三到五个销售项目出现进展，而有的人一周只能推动一个销售项目出现进展。同一个项目中的每个最佳销售策略构成一定顺序的链条，这个链条就是最短销售路径。

面对同一个客户，由于沟通方法不同，不同人的销售路径有长有短，有的甚至永远达不到终点。所以，销售不是什么凭感觉做事的“艺术性的工作”，而是技术含量很高，技术要求很高的技术活。

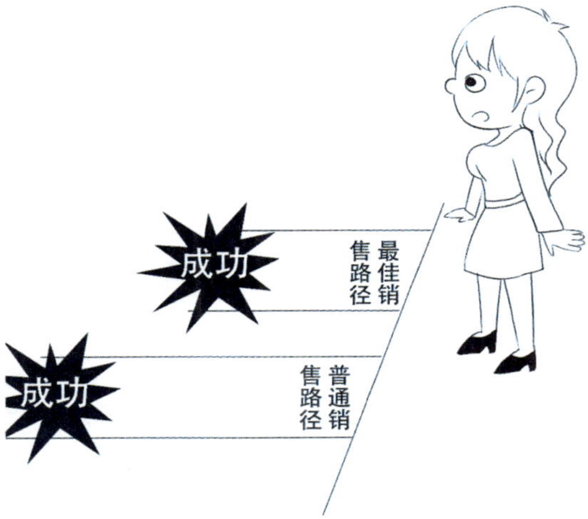

销售管理者必须尽力保证销售人员的每一步都是最佳销售策略，帮助销售人员始终和客户处在最短销售路径之中，而不要走弯路。

最短销售路径并没有改变销售的规则，它只是通过技术分析，找出企业销售过程中客户的“内心对话”与销售人员应采取的最佳销售策略，帮助销售人员能够快速带领客户走向成交。因此请记住沟通效率优化的真正意义：

> 沟通效率优化，就是根据客户的决策流程，分析能使客户成交的最佳销售策略，最终找到最短销售路径，节约销售人员的时间，实现业绩倍增。

美益香料的最短销售路径

美益香料是国内最大的民营香料生产机构，拥有中国香精香料行业第一大直销网络，也是中国唯一推行直销的香精香料企业，目前直接终端客户超过4000家。

2009年末，我们应邀前往美益香料为该企业的全国销售精英进行调研和训练。与销售人员沟通的过程中，我们发现很多业绩优秀的销售人员认为自己的销售路径是：

图2－1　美益香料销售人员提供的销售路径

这个几乎通用的答案对企业帮助并不大，因此我们需要进行细致的分析。接下来我们发现大多数的成交都必须经过一个环节：索取样品。凡是索取了样品的客户，沟通难度降低，成交率比没有索取样品的客户要高近10倍！于是我们按照这个规律进行了优化：

以前很多销售人员，在没有样品的情况下，凭借文字资料和口头描述去说服客户，目的是引导客户产生成交的意向。而现在，销售人员只需引导客户产生主动索取样品的意向。

产生主动索取样品的意向显然比产生成交的意向要容易得多，而客户一旦产生了主动索取样品的意向，对企业的信任和了解就已经加深了一大步。

而且客户有样品在手，会让销售人员在进行介绍、解释的时候，难度大大降低，销售成功率也就获得极大的提升。

图2－2　美益香料调整后的销售路径

中德设备的最短销售路径

在帮助山东中德设计了引流改善的策略之后，我们紧锣密鼓地展开了第二阶段的项目设计：销售流程优化。我们对大区经理进行了电话访谈，与中德领导班子前后进行了3次座谈，深刻讨论了相关流程和数据，分析成功案例125个，失败案例121个。通过解读案例，我们发现大多数销售人员运用如下的销售路径进行销售：

图2－3　中德设备原有的销售流程

中德不仅生产酒店、餐厅自用的啤酒酿造设备，还向客户提供成功率很高的酒类营销整体服务包，这实际上是一个很有竞争力，也很有吸引力的产品。

但上述销售路径在实施过程中遇到了很奇怪的现象，前面谈得好好的，一旦销售人员给客户提供了书面方案，客户就开始拖延。

我们发现拿到方案以后客户就会开始不断地思考、对比，担心是否存在各种隐患，越想问题越多。实际上，无论客户怎么思考，都不可能对设备未来的使用情况或者收益做出理性、准确的判断，大部分的隐患都是客户臆想出来的。

换句话说，客户在拿到方案以后只是在胡思乱想而已，导致销售无法推进，这条“销售路径”显然是一条岔路。而且几乎所有的销售人员都跑到岔路里面去了，销售效率大大降低。

为了从岔路里走出来，我们决定调整销售路径。我们发现凡是与客户在安装现场进行商讨的项目，成交率非常高，所以，不再为客户直接提供方案，而是先努力使客户同意我们带技术人员上门访谈。

在现场，客户可以直接说出他的疑惑，而技术人员和销售人员可以立刻答疑解惑，客户就不会再胡思乱想了。同时销售人员可以向其详细说明啤酒自酿设备安装后客户进店时的反应，以及配置营销服务包后酒类销量是如何提升的。

图 2－4　优化后的销售路径

现场销售的效果，显然比一纸方案的说服力要强很多倍。客户脑中形成了清晰的图像，不会再被各种细枝末节的问题所困扰。协助客户完成决策，提高了效率，节省了双方的时间。在现场销售解答的过程中，客户也会感觉中德的销售和技术服务人员非常专业，培养了客户对企业和产品的信心。

在新的销售路径中，方案仅仅是所有细节口头洽谈完成后的书面确认而已，所以很多客户根本看都不看方案，直接就进入了协议阶段。

所以，我们发现，销售过程中其实是客户和销售人员共同走入了岔路，只是大家都没有意识到自己在浪费时间。

> 最短销售路径就是使销售人员的每次拜访、每个动作都有明确的指引，避免销售人员走入岔路，缩短销售周期，节约企业和客户的时间。

第三节
销售过程控制——确保销售执行精准度

我们前面已经介绍过了，销售管理者不仅要能够发现最佳销售策略，还要能够设计最短销售路径。但是无论你的策略、路径设计得如何高效、正确，只有一线销售人员在实际销售过程中正确地运用，销售效率才能得到提高。

销售过程控制的价值，就在于可以监控到销售人员与客户进行的每一个互动，让管理者可以随时发现销售人员有没有运用最短销售路径，或者在运用过程中有没有出现偏差。如果每个销售人员都要在监控之下才能完成工作，这样的管理其实是失败的。

企业所要达成的目标，就是让销售人员在销售过程中感觉到：

> “只要按照公司的流程做了，就一定会成交；以前之所以走进岔路，都是因为我实施有偏差，有公司的支持，我没什么好顾虑了，直接认真地按公司的要求做吧……”

于是，销售过程监控就起到了作用，让销售人员对企业的最短销售路径和最佳销售策略产生信心，使得销售人员自动自发地按照企业的标准去做。

有了销售过程监控，销售人员不仅不会有一种被监视的感觉，还会有一种被支持的感觉，让销售人员在工作中获得一种找到了组织、找到了依靠的快乐。

承诺目标

不管你卖的是什么产品，不管你这次出门见的是什么人，也不管这个客户的意向有多大，只要你的目标是完成销售，你就必须保证每次出击都有承诺目标。

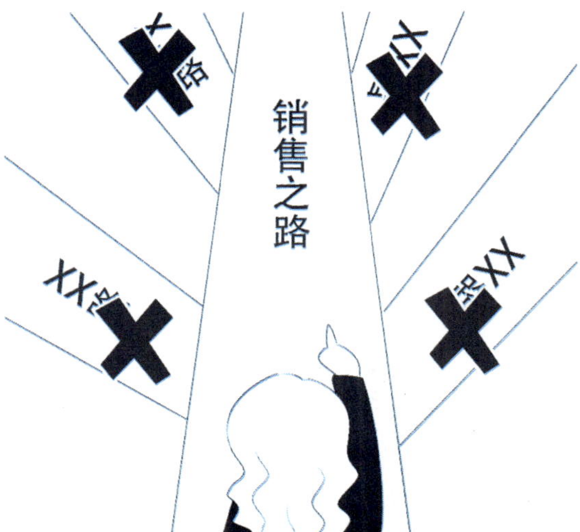

大宗产品、复杂产品的销售往往需要经历多个阶段才可以最终到达胜利的彼岸。为了顺利过渡到下一个阶段，销售人员需要在上一个阶段（拜访活动）结束时跟客户要一个承诺，这个承诺就是

客户同意下一步做什么。

这个承诺，会将销售推到下一个进程，销售就是一个进程到另一个进程，最终达到成交，而每一个进程，都需要一个或多个承诺目标。有些销售人员只会凭感觉不断地努力，然后等待成交的降临。缺少承诺目标的销售人员会这样进行沟通：

销售人员："李总，您好，您下周一下午有时间见面吗？"

李总："我最近都很忙。"

销售人员："那您什么时候有时间呢？"

李总："等我有空的时候再联系你吧。"

销售人员："好的。"

李总确实是很忙，销售人员得到这样的结果似乎也无可厚非，但另一个有承诺目标的销售人员会这样沟通：

销售人员："李总，您好，您下周一下午有时间见面吗?"

李总："我最近都很忙。"

销售人员："那您什么时候有时间呢?"

李总："等我有空的时候再联系你吧。"

销售人员："李总，这次见面对我们来说意义很大，我们也想尽快谈清楚细节。只需要1小时就可以了，下周任何时间都可以，您看您抽出哪个时间比较方便?"

李总："这样啊? 那就下周二中午1点吧，只有1小时时间。"

你看这一个销售人员不仅努力，还会有目的、有策略地安排与客户的每一次电话沟通、面谈，他的成功在一定程度上可以说是必然的。

有目标的人，会为了目标再努力一下；没有目标的人在遇到障碍时，很容易放弃。

有了客户的承诺，销售人员才知道下一步该如何接触客户，反之，则可能会无功而返。而客户可能也会很迷茫，不知道该怎么配合你，甚至感觉你在浪费他的时间。

销售的每个环节都需要有承诺目标，比如“让客户主动索取样品”就是承诺目标之一。要从一个承诺目标走向下一个承诺目标，最后走向成交。

销售管理者要能够帮助销售人员设定承诺目标，承诺目标设计的质量，决定了销售路径的长短，也决定了企业的销售效率。

对承诺目标的监控

前面的内容已经充分体现了承诺目标的使用方法，下面我们来探讨一下如何对承诺目标进行监控。

对销售人员的监控宜粗不宜细，如果太细了，销售人员整天忙着填表，会浪费时间；但如果太粗了，又起不到监控的效果。

我们来深入分析一下为美益香料设计的“最短销售路径”：

图 2－5　美益香料的最短销售路径

这四个项目，基本上就是一个销售人员在销售过程中，必须要完成的四个阶段。我们把这四个阶段再翻译一下，转化为承诺目标，你会更加清楚它们的意义：

1. 初步激发需求，使客户同意与销售人员进行面谈。
2. 引导客户主动向销售人员索取样品，要求试用。
3. 引导客户产生进一步了解交易细节的想法。
4. 促成交易，签协议。

在每个阶段的实现过程中，不同的客户、不同的销售风格还会存在很多不同的承诺目标，比如：让客户告诉我现在产品的使用情况、让助理告诉我负责人的电话。

不过作为销售管理者，并不需要去监控销售人员的每一个细节，那样子做不仅会浪费销售管理者的时间，还会使销售人员觉得束手束脚。我们对上面四个承诺目标再进行一次解读，让企业能够实现对它们的监控：

1. 成功邀约面谈数量。
2. 索取样品客户数。
3. 制作方案数量。
4. 成交客户数。

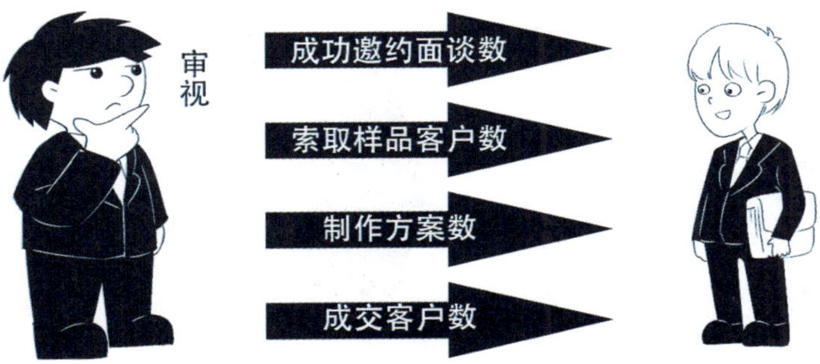

如果有需要，企业还可以获得以下几个关键的转化率数据：

1. 邀约至试用转化率 = 索取样品客户数/成功邀约面谈数量。

2. 试用至索取方案转化率 = 制作方案数量/索取样品客户数。

3. 方案至成交转化率 = 成交客户数/制作方案数量。

目前国内大多数的企业，甚至于很多客户关系管理系统（CRM）都只统计成交率，也就是成交率 = 成交客户数/沟通过的客户数。

单独统计成交率，实际上是没有意义的，成交率无论是上升还是下降，企业都无法看出其真正的原因，因为任何一个环节的转化率变化，都会直接导致成交率变化，从而最终导致有问题无法修正，有好经验无法推广。

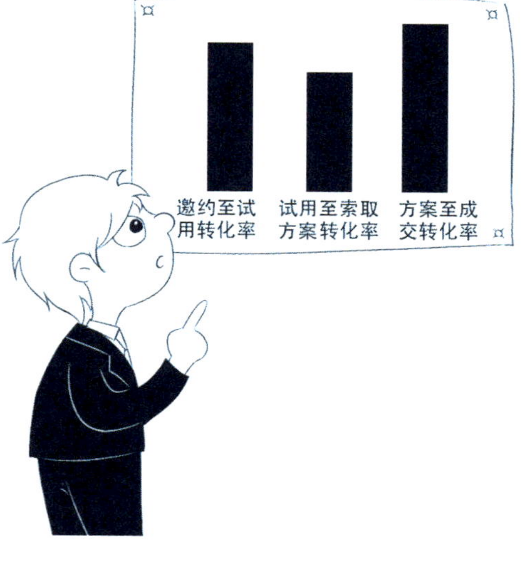

如果某个销售人员或整个团队的邀约至试用转化率偏低，企业立刻就能知道是激发试用的话术出了问题，只要修正这个环节就可以了。如果某个销售人员或整个团队的方案至成交转化率偏低，企业立刻就能知道是促成话术或产品演示出了问题，只要优化产品演示和促成话术就可以了。

同理，如果某个销售人员的某项转化率特别高，也说明他在这个环节可能有非常好的手段，企业就可以对这个销售人员进行研究，提炼经验，全面推广。而企业一旦对某个环节进行了修正，这个修正是否有效，在转化率上可以清晰地体现出来。由此看来，对承诺目标进行监控的意义在于：

使成交的实现过程更加清晰，管理者和销售人员都可以迅速地发现问题所在，提出解决方案，并很快确认解决方案有没有生效。

不同行业、产品，不同销售模式的企业，由于销售流程差异较大，承诺目标不同，监控数据也是不同的。比如你是做会议营销的企业，那么现场意向向现场签单的转化率，就会成为你的重点监控数据。

在企业的实际运用过程中，在不同的发展阶段，重点监控数据也有所不同。比如企业其他环节的问题都不大，或者说改进空间不大，销售人员能力也都不错了，那么今年需要重点改进的就是产品演示能力。

我们会为产品演示的全过程设定几个承诺目标，监控得更细致，为每个细节设计监控数据。实际上在为产品演示进行设计时，某个内容能否收获客户的笑容和首肯，是可以设为重点监控的。

第四节
最佳销售策略——从说服转向引导

销售之所以能够完成，最核心的原因就是客户对企业、产品的信任感不断增加，客户不是因为我们的产品好而购买，而是因为相信我们的产品好才购买。

比如现在买小家电，我的经验是，如果不知道哪个牌子最可靠，那就买美的，美的不一定是最好的，但一定不是最差的。我放弃采购其他的品牌，不是因为其他品牌不好，而是因为我不相信。

所以，销售的过程，就是让客户相信企业的过程，让客户相信企业有两种办法，一种叫说服，一种叫引导。说服与引导差别很大——前者主要靠销售人员自己的口才，客户是一个批评家的角色，在销售人员进行说服的同时，客户在关注哪里不符

合逻辑，哪里说漏嘴了。

引导则靠关键问题来保证沟通获得进展，销售人员是一个支持者的角色，客户在销售人员的支持下，审视自己是否存在问题，是否存在需求，是否需要立刻解决问题。

所以，引导的关键，不是销售人员说得有多好，而是销售人员问的问题能不能切中客户的欲望点——可以是痛苦，也可以是梦想。

通过体验式销售与客户快速建立信任关系

2008 年，广州有两个不懂中文的法国小伙子，在必胜客、棒约翰两家比萨饼巨头对门开了一家比萨饼店，名为 Pizza2Pizza。面对强大的竞争对手，在短短的 1 个月内，这家比萨饼店就站稳脚跟，获得了稳定的客户群。这两个小伙子采取的策略非常大胆，开业首日，所有进入他们店消费的顾客在用餐完毕打算付款的时候，都得到了一个看似玩笑的答复：

图 2－6　比萨饼店的位置图

> 今天开业，老板说所有客户免费！

顾客怀着吃惊、开心、占了便宜等复杂的心情离开了店铺。其实首日进店的顾客并不算太多，但是这些顾客不约而同地做了两件事情：

1. 到处向朋友讲述这个难以置信的故事。
2. 下次再来进行一次全额的消费。

开业的第一天，我们正好到他们店里用餐。从那以后，我们这几年一共去了四次。我们不住在这个小区里，每次都是专程过去的，每次都怀着占过便宜的心情点餐，从来不计较价格，也就是说相当于他们只给我们打了7.5折而已。

同时，这几年公司的职员几乎逢人就会讲这个有趣的故事，就像现在我们给你们讲一样，公司的职员都成了他们的义务宣传员。很明显，他们在通过必胜客和棒约翰找“流量”，然后运用免费策略引发了一个超级话题。

遗憾的是他们没有建立“流量池”，我们并没有收到他们后续的营销信息（如果有的话，可能我们去的次数不会是4次，至少是6~8次，这一点我们在第四章会重点讨论）。

小区的客户就这样被源源不断地介绍到他们的店铺中，他们就是这样站稳脚跟的。这里我们关注的重点，不是他们有没有建“流量池”，而是为什么我们在一瞬间就会信任他们？

如果是一家正常的餐厅，给我们发一张7.5折的消费券，我们可能看都不看就扔掉了，更不要说去帮他们做宣传员了。比萨饼店采取的引导方式，比起发 7.5 折的优惠券说服方式，显然要高明得多，效果也好得多。在让客户产生信任感方面，他们至少做到了以下两点：

1. 产品本身没有问题，这是一切生意的基础，不可否认他们的比萨饼还是挺好吃的。

2. 提供了有诚意的体验，让我们觉得需要回报他们。

让客户获得体验，引导客户自己产生需求，这种需求可以是满足好奇心、炫耀，还可以是希望回报，这是使客户快速产生信任感的方法之一。在超市里面有很多品牌提供试吃，在早期的时候，试吃了不买不好意思，所以顾客总会买一点，最典型的案例是澳门。

在澳门一些较大的赌场，几年前免费或者以极低的价格就可以吃喝玩乐；同时在大三巴下的购物街，满大街都有销售员捧着牛肉干、猪肉干、饼干请游客试吃，游客多少会买一点回家。

不过现在超市里面的试吃策略效果越来越差了，顾客往往是避之不及；澳门的赌场优惠力度也在逐步减少，客户已经没有新鲜感了。

但购物街风情依旧，因为购物街来往的都是新游客。其实游客不是怕欠一家店的人情，而是觉得吃过了这么多家店，一家都不买，实在说不过去，所以我每次去只要是吃了，多少都会买一些。

雀巢咖啡则是拿个壶子，你若愿意尝试，就拿一次性杯子给你倒一杯，后者显然有诚意得多。体验式销售不仅可应用于服务业、快消品的销售中，也被广泛应用于一般消费品、工业品的销售中。

体验式销售建立信任感的要点在于：通过向客户提供新鲜和有诚意的体验机会，消除客户对产品的怀疑，引发客户的消费需求。所以，提供的体验不仅要有新意，还必须有诚意，比如外面很多茶叶店，装着一杯茶伸到过路的客户面前，这个不喝就端到下一个客户面前，下一个不喝又端到再下一个客户面前。

※自酿啤酒设备企业上门勘测
※硬盘维修中心免费故障检测
※香料业务员免费寄送样品
※房地产商带你看样板房
※手机试用……

这些都是体验式销售，体验式销售的特点就是引导而非说服，体验式营销可以消除客户对产品的怀疑，但客户对企业的疑虑尚未完全打消：我付钱给你，安全吗？

在销售过程中，继续应用下面要讲的认知的概念和第三章提到的成交的概念，就可以迅速提升客户对企业的信任感，使客户愿意向你付钱。

占领客户的认知

客户决定采购哪个品牌的过程，并不如一些专家想象的那么复杂，甚至有时可以说是很简单的。当你去超市购买洗发水的时候，请问你会买哪几个牌子？海飞丝、飘柔、潘婷或者部分国产品牌……大部分人脑子里只会有首选或次选，也就是不超过两个品牌。

当你出去旅游的时候，你会住什么商务酒店？你可能会回答 7 天、汉庭、锦江之星、如家等。如果我问，你会住什么酒店？答案就会变成三星级、四星级或者五星级酒店，很有可能不会出现七天、汉庭的影子。

其实在商务酒店出现之前，廉价旅馆、招待所早就遍地都是了，如果 7 天酒店再加入这样的竞争，无疑是死路一条。所以，商务酒店的成功之处在于创造了一个全新的品类，成功地教育了客户：在酒店之外，还有一种经济实惠的商务酒店。

就这样，它们巧妙地避开了与星级酒店的竞争，而且你会发现，商务酒店迄今没有代替星级酒店的趋势，而是成了酒店业的有益补充。一般来说，每个现有品类都已经有品牌占据了客户的认知位置，如果你是想代替这些品牌，就像商务酒店代替星级酒店一样，显然具有相当大的难度。

占领客户认知的关键

开创一个新品类，一方面，要使自己立即成为该品类里的第一；另一方面，要通过品类隐喻，暗示新品类比旧品类更好。

当年七喜在美国还是一个不知名的小品牌时，它就将饮料定义成可乐和非可乐两类，并宣传自己是非可乐的代表。如此一来，七喜一下子就达到了与可口可乐齐名的程度。

这一招果然有效，七喜提出这样划分的第一年，七喜汽水的市场占有率就达到15%，以后销量还不断上升，终于成为美国非可乐饮料的第一品牌。

建立客户关系发展中心

如果你确实不能创造品类，还有另一种方法能帮助你快速地占领客户的认知，那就是——客户关系发展中心。还记得我们在第一章提到的“流量池”吗？经过“销售漏斗”的筛选，有一些客户是可能与企业即时成交的，而有一些客户是需要培育的。

对于那些能即时成交的客户，就可以进入沟通的流程，通过各种沟通方法来促成交易。而对于不能即时成交的客户，则需要企业持续地维护。

很多销售人员的功利心过强，凡是没有需求的客户都不搭理。原因是他们觉得维护的成本太高，而且不知道这些客户什么时候会有需求。中德设备专门建立了一个客户关系发展中心，从 1 月到 12 月，客户关系经理为每个月都设计了沟通的内容，包括：

> 餐饮业的经营策略、酒水营销技巧、酒店管理、氛围营造、餐厅装饰等。其中偶尔点缀一些自酿啤酒的市场、设备使用、成功案例……

这些信息都是免费提供给所有的目标客户的，这些信息对客户的经营、管理来说都具有相当大的价值。这是体验式销售的一种变通应用，很多人认为一定要让客户体验自己的产品，实际上：

> 客户要购买的是产品带来的价值，而不是产品本身。通过体验式销售，我们要让客户相信企业能带来他们需要的价值，相信产品能带来他们需要的价值，之后自然会顺利成交。

“流量池”里积蓄的目标客户，会不断地感受到中德设备在餐厅经营、管理、酒水营销等各方面的专业性，对中德设备提供的资讯产生依赖，最终中德设备会慢慢地成功占领客户的内心相。使用上述方法带来的好处是：

1．在体验式销售过程中，慢慢地引发和培养客户的需求，有一部分的目标客户会转化为意向客户。

2．通过长期沟通占领客户的认知，意向客户一旦产生采购的冲动，立刻就会想到可以找到中德设备，这样就形成了一个销售机会。

3．已经成交的老客户感受到无微不至的关怀，一旦设备在使用过程中有问题，也不容易全面否定企业和产品，而是会与中德设备沟通，从而提高了客户满意度。

4．已经成交的老客户可能会被激发，从而产生多次购买。

5．资料比名片具有更高的传播价值，方便客户向他人介绍。

用超低成本创造超高利润

沟通的过程是通过电话、邮件、印刷品直邮等方式进行的，效率比面对面的销售和说服要高得多，成本却低得多，一两个客户关系专员就可以完成对几千上万个目标客户的维护。

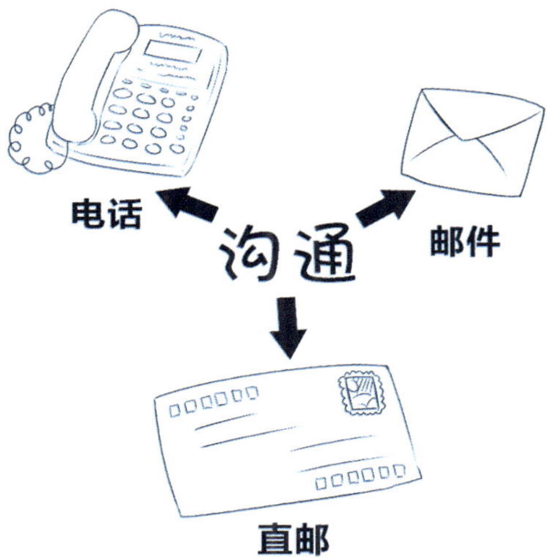

就算是以电话作为维护方式，一个经过训练的客户关系专员维护 1000 个客户是问题不大的。假如企业现有 1000 家客户，A 类客户仅占 1%，若只做引流和沟通效率优化，就算企业把“流量池”内的客户扩大 10 倍，服务的客户数量也是非常有限的。

而且 A 类客户需求非常明显，意味着销售竞争也非常大。但 B 类客户却被很多企业所忽视，在客户总数中，B 类客户占比高达 19%。这些客户几乎都是无人竞争的，只要企业事先占领他们的认知，成交就指日可待，这么庞大的客户数量，可以支持企业的持续发展。

所以，企业建立一个客户关系发展中心，在抓住 A 类客户的同时，大力培养 B 类客户，就显得尤为必要。客户关系发展中心的主要工作是：

与企业文化、市场等部门合作，挖掘对客户有价值的市场信息，不断地策划沟通的机会和借口，展开与客户的低成本持续沟通。

客户关系发展中心与传统的客户服务中心的区别可以在下表看出：

	客户服务中心	客户关系发展中心
关注对象	只关注已成交客户	不仅关注已成交客户，更关注未成交客户
服务目的	解决投诉	增强未成交客户的信心，为最终成交做铺垫； 服务已成交客户，为追销和扩大销售做准备；
服务形式	被动服务	主动服务

客户关系发展中心所策划的内容，本质上属于体验式销售的部分。客户关系发展中心面对的客户往往是 B 类客户，太大的成交企图容易引起客户的反感，因此销售管理者在策划、审核相关内容时，要遵循如下原则：

1. 每次内容必须有吸引力，而且信息量不宜太大，使目标客户有兴趣和耐心听完或看完。

2. 以塑造被客户利用的价值为主，尽量减少促销，最好是完全没有促销内容。

3. 在多次提供信息之后，可以穿插一两次有吸引力的促销活动。

第五节　沟通中的话术设计

有销售经验的朋友都明白，我们所要沟通的对象总会有一大堆拒绝与我们成交的理由，因此在所有的销售行为中，我们经常会遇到客户不同的抗拒点，产生这种抗拒点的最大根由就是人与人之间的心理距离。

一、你专业，我放心——专业性话术的设计

如何在较短的时间内取得对方的信任？这其中是否有基本的规律可循？这些是我们在研发引销学的时候花了相当大的精力进行研究的内容。对于常人而言，判断传播信息的人是否信得过，首先是要看其是否专业。

我们可以想象，当我们要买一份养老保险时，对方若能站在全球养老保险行业的高度来分析目前养老保险业发展的趋势，同时结合国内的具体情况来阐述其产品在市场中的优势所在，我们是否会更加信任他？

同理，我们在介绍自己的产品之时，首先要有一套显得很专业的话术，才能让对方感觉到我们的诚意与能力。引销学与传统营销最大的区别之一就是将对方所需要了解的信息进行梳理与再整合，而非一味地强调自身的产品有多好。

比如我们在卖保健品之时，最重要的专业性话术不是如何设计一套非常好的介绍产品的专用语言，而是要先让客户懂得如何甄别保健品的优劣，这样我们就能从客户自身的需求角度出发，呈现更为有用的信息。

透过以上信息的交流，客户就会在短时间内消除抗拒的心理，

重新思考自身选择保健品时的标准。在此情况下，我们可以根据对方的需求进行相关的解释，告诉对方如何判断我们所销售的产品的优劣，让客户相信他们可以根据自己的能力来判断所选购的产品的性价比与有效性。

因此，我们在设计专业性话术之时，要考虑两个层级：第一是与产品相关的行业信息的分享；第二才是建立在用户需求基础上的产品专业性介绍。前一个层级的话术是以自我为中心来做的分类与陈述，但陈述的初衷是希望对客户有帮助。后一个层级的话术则需要考虑对方进一步的具体需求，遵循专业、对他有利的原则进行信息传播。通过这两个层级的推进，不仅能让客户感受到我们对其解决需求问题的关心与帮助，也能让客户在心理层面上主动接受我们的产品。

在确立了两个层级的话术之后，我们的话术设计还要体现专业素养，但不是要念专业术语。我们知道，人的记忆与认知度是有限的，比如七位数的电话号码人比较容易记住，超过七位数的就相对困难，对新事物的接触更是如此。因此我们在对行业或产品进行相应专业话术设计之时，首先要考虑人的思维特征，遵循人对于事物的认知进程规律，寻找易于展示又容易理解的平衡点。一般而言，我们比较喜欢用分类的方法来对新事物进行划分，以方便区别与记忆。

就专业性的话术设计来说，我们首先要选好专业性话术的分类角度（如产品的制作工艺、分布区域或材质等等），抓住行业核心点，然后分三级进行分类陈述，第一级一般分为两类（比如玉分两种：硬玉和软玉），第二级分三种，第三级也可以分三种。通过分三级进行分类陈述之后，可以适当进行相应的对比，帮助客户辨别各种分类的优点所在。与此同时，我们还可以透过不同的角度对行业或产品进行多方位的介绍，核心目的是让顾客增加更多有用信息量，让他们感到我们对行业和产品的用心程度。

设计专业性话术的要诀：

☆ 分类应注意新颖性，从自身角度而非对方需求出发来陈述。

☆ 在生活中理解别人的话术，反思他人成功的要点，寻找话语或行动背后的规律。

☆将自己视为一名知识的传播者，然后再谈销售。

专业性话术是突破心理信任瓶颈的关键点，因此要有充分的准备，即使自己不是很专业，也一定要在陈述的过程中呈现出很专业的气势。把自己塑造为行业专家之后，我们就奠定了和客户相互信任的一个重要基础。

二、每个人都是销售行业的医生

当我们把自己视为专家之时，我们更多的是作为一名知识的传播者而非销售人员。我们所遵循的原则就是自己传播的信息可以对客户产生帮助。然而销售行为的最终导向还是让客户走向我们，通过了解产品而达成交易。在此情况下，我们还需要有一些能够引导客户走向交易的话语。在这方面，医生与病人之间的谈话方式是我们最值得参考的一种问询方式。世界上成功率最高的销售人员或许就是医生，因为他们只要几个问句就可以让病人完成交易。下面我们分析一下医生的提问方式：

医生：你哪儿不舒服？（问询一）

病人：头晕、乏力。

医生：咳嗽吗？有痰吗？（问询二）

病人：咳嗽，有。

医生：咳嗽多久了？痰是什么颜色？（问询三）

病人：咳两天了，痰是黄色的。

医生：你这是病毒性感冒。（下结论）

打针之后吃这些药就好了。（解决方案）

只要稍微留意，我们就能发现医生和病人之间的交谈有如下特点：

☆ 问题的设置是封闭式的。

☆ 在问题的基础上下结论，给人以确定的感觉。

☆ 在结论的基础上给出解决方案（成交）。

医生与病人之间的交流方式，我们在销售理论中称之为问询式话术。就是不断询问客户的方式，不断让客户做出选择，从而在一系列问询的基础上做出基本的判断，并为其提供参考方案。

只要稍加分析，我们就可以发现，医生与病人之间的对话还体现了我们引销学的一个核心理念：无我相，有他相。他们之间整个交谈的过程中体现的最重要的信息是病人的需求，以及医生可以提供怎样的帮助。医生需要成交的企图没有丝毫显现，

他的所有问题都是为了进一步确认病人的状况。

尽管医生的首要职责是为人看病，其职业角色与销售业务人员有一定的区别，但本质上是相同的，就是在问询病人之时，充分挖掘对方的难点和需求点，并在此基础上给出相应的判断或结论，从而为其提供适当的解决方案（成交方案）。通过梳理，我们可以看出医生在询问病人时的程序如下：

问事实→做判断（根据事实解释对方存在的问题点）→提出解决方案。

这个流程对于我们做销售来说最好的启发是通过问询的方式来理解客户的需求，从而站在客户的角度来做出需求点的判断，并根据这些判断提供利于消费者的解决方案。就此，我们可以设计一套问询式的话术来实现销售效率的提升。我们所设计的问询语句虽然最终指向成交，但过程中都是将以顾客的需求为出发点作为判断的标准。

在设计话术之时，我们要始终注意隐藏自身的销售企图，消除客户的抗拒心理。具体的话术设计流程可以分为四步：

1. 首先找到自己可以提供的解决方案，最好是三个，分高、中、低三个等级，在做建议的时候给客户提供中间选项，以便让客户感觉我们是为其着想。

2. 寻找解决方案所需要的结论是什么。

3. 分析要得出上述结论，需要问什么问题。

4. 设计层层推进的几个问题。

具体问题的多少与所售产品的复杂程度及使用周期有关，复杂的产品可以多问点，一次性产品则可以用三五句话来解决。

三、话术的融合与转换

无论是专业性话术还是问询式话术，其最终的目标都是成交。尽管我们对这两种话术都进行了模式化设计，但在具体的运用中，我们可以根据对象的多样性灵活地将两者有机结合起来。

在进行专业性话术的陈述之后，我们可以根据顾客的疑虑或问题进行问询式话术的推演。例如，我们在陈述完小汽车行业发展的趋势及顾客关心的普遍知识之后，可以适当根据客户的进一步需求来设计相应的后续问题，了解客户是对车型、性能还是价格产生疑虑，进而做出相应的解释与帮助。

而客户在我们进行问询式对话之时，也同样会对解决方案提出一些疑虑，我们就可以用专业性话术来帮顾客解除烦恼，站在客户的立场上分析三个解决方案会对客户产生什么影响。比如客户看中了三款价格相近的衣服，我们做出的推荐是中间价位的那一款，顾客可能会有进一步的疑虑，感觉还是不够确定。这时我们可以根据客户的年龄、身材比例、性格特点来对服装的颜色搭配及款式特点进行解释，让对方感到我们是从他的角度出发来理解他的需求，而且我们在服装搭配方面也比较专业，从而博得对方的认可。

从更宏观的方面说，我们围绕客户需求进行问询式对话之后，为了让客户有更深入的了解，我们可以透过宏观的行业分析让客户深入到行业分类的角度来理解我们对其需求进行的解释，这样不仅能让客户感受到我们的诚意，还能在不断地相互交流中达到更高的信任度。

总而言之，无论是专业性话术还是问询式话术，都是我们获得客户信任以达成成交的途径。我们在日常的交流中可以将这两种比较能打动人心的话语设计方法结合起来灵活运用，糅合到沟通的各个环节之中。

沟通系统全面回顾

上面我们基本已经介绍完了沟通效率优化（最短销售路径、销售过程控制、最佳销售策略）的操作细节。站在销售管理的高度看，这些内容涉及销售分析、管理和策划，这也对销售管理者提出了一些能力和素质上的要求。

在实践之中，你会发现沟通效率优化不是仅为某些产品定制的。它是一套通用于各种销售型企业的销售组织模式，其核心意义就在于：

沟通效率优化是对人类的信任产生过程，以及思维决策规律的提炼与总结。

即使你的产品还是原来的产品、员工还是原来的员工，单单将沟通过程由过去的铺天盖地的推销变成有策略分阶段的引销，你就能看到销售业绩的显著提升。

因此，我们建议：每一个销售管理者、每一个希望提升业绩的销售人员，都应该学习沟通效率优化的基础知识。企业的销售管理，细节决定成败——特别是对于企业老板和销售管理者而言，这些知识就像日常运营或财务的基本常识一样。

你不一定要亲自去运营或管理财务，也不一定要亲自去进行具体的销售工作，但你要明白你的员工在做什么；什么是高效率，什么是低效率；什么是优秀，什么是平庸。

上面我们介绍了销售效率优化的引流系统，以及沟通系统。接下来，我们来学习引销体系中更为重要的一项知识，一盏可以立竿见影地带来销售额的“神灯”。

第三章

成交系统——客户主动抢着把钱给你

尽管科普专栏一再告诫女性消费者30元和3000元的化妆品从化学结构上来看并没有太大的不同，但是对于女性消费者来讲，高档化妆品才是她们想要的商品。

在理智主导的市场中，消费者在用脑思考。从发现自己的需求，对自己的需求进行排序，决定用什么类型的商品来满足自己的需求到对商品市场信息进行搜集、比价，找到性价比最优的商品……在这个过程中，客户更多的是用“脑”——即他们的理智在做出购买决策。

用脑思考的特征，大多体现在决策过程中；而在成交过程中，体现得更多的是用心思考——感性决策。

无论客户在沟通、洽谈的过程中表达得多么理性，在最后做出购买决策的这一刻，客户一定是感性的。客户并不知道购买以后会发生什么情形，如果这种担心发生在成交之前，就会出现延迟；如果这种担心发生在成交之后，就会出现悔单。

如果客户还没有进入用心思考——即感性的状态，就会拒绝——客户因为某些理性考虑，不愿意和你成交。营销大师科特勒在《行动销售》一书中提到，客户要做出成交决策，一定会问五个问题，如果销售过程中没有完全解答这些问题，就不会走向成交。这五个问题分别是：

1. 你这个人值得相信吗？
2. 你的企业值得相信吗？
3. 你的产品值得相信吗？
4. 你的价格合适吗？
5. 现在真的需要采购吗？

你会注意到，前三个问题是偏理性的，需要证明；而后两个问题是偏感性的，需要销售人员对客户做思想工作，去说服、去引导。

所以，理性与感性，销售人员必须两手都抓，两手都要硬，才能最大限度地影响客户的购买决策，顺利成交。

下面就让我们从理性和感性两个角度出发，来详细解释成交系统的建设方法。

第一节
第三方见证——解除客户的理性抗拒

客户与企业的销售人员建立了基本的信任，希望进一步了解企业的产品细节，以便最终决定是否购买。他们需要企业进一步证明："为什么你是最好的？你用什么来证明自己的说法……"

就像是法官审判一场官司一样，谁主张，谁举证——销售人员这时候必须证明给客户看：

> 我有足够的证据来证明给你看，我是最佳的选择。
> 我有大量的事实可以证明，我的产品超过其他一切选择。

第三方见证的威力

一位芝加哥的工业销售经理，曾经让他的推销员带上散乱放置的推荐信。推销时，推销员拿出一封推荐信，递给潜在顾客，让他看一看。顾客只要一放下，他就再递过去另一封，然后递过去第三封，不一会儿，推荐信在潜在顾客的桌子上就堆成了山。

结果证明：信越多，越好。没有一个潜在顾客会见到桌子上堆满了其他顾客写的推荐信而无动于衷，不做好成交的准备。很多企业在制作自己的企业网站时，往往把自己公司大门的照片放在第一位，而专业的成交网站，往往是把海量客户的见证放在第一位。如果你有在淘宝购物的经验，也许你会发现很多淘宝商家把大量的成交记录放在产品之后。

最近一个月成交记录：

买家	宝贝名称	出价	购买数量	成交时间	状态
t**2	联通3g手机卡186号码 月付46享700M流量 240分钟通话 送1348话费	218	1	2011-02-21 13:39:09	成交
落**7	联通3g手机卡186号码 月付46享700M流量 240分钟通话 送1348话费	218	2	2011-02-21 13:20:18	成交
z**爱	联通3g手机卡186号码 月付46享700M流量 240分钟通话 送1348话费	218	2	2011-02-21 13:09:13	成交
汝**宝	联通3g手机卡186号码 月付46享700M流量 240分钟通话 送1348话费	218	1	2011-02-21 13:06:37	成交
t**5	联通3g手机卡186号码 月付46享700M流量 240分钟通话 送1348话费	218	1	2011-02-21 13:00:12	成交
[illegible]	联通3g手机卡186号码 月付46享700M流	[illegible]	[illegible]	[illegible]	[illegible]

图 3－1　淘宝的交易记录

如果你在网上看得更仔细，就会发现很多成交记录往往是卖家的记录，而不是该产品的记录。几乎每个客户都会受到这些记录的影响，只是程度有所不同。有些免疫力比较强的，也许不会轻易做出成交的行为但可以肯定的是，他们的免疫力已经被削弱了，只要持续影响，最终一定会实现成交。第三方见证之所以可以成立，是因为：

客户一旦看到别人的成交记录，在潜意识中就觉得自己的风险下降了一分。如果客户认为自己购买的风险是零，甚至比零还低，成交就成为必然。

正如你家楼下开了一家餐厅，由于你不知道这家餐厅的味道怎么样，所以你不敢贸然进去消费。慢慢地你发现很多人都在里面吃，有的人甚至成为老顾客，然后还在网上看到“味道很好”的第三方评价，无论你的谨慎度有多高，最终一定会走进这家餐厅。

如果是一个谨慎度不太高的客户，可能看到餐厅里有很多人吃饭，就足以让他迈进大门了。所以，在海量的第三方见证的持续轰炸下，成交是必然的，对不同的人而言，只是轰炸时间不同

而已。第三方见证要达到效果，一定要符合几个原则：

1. 数量庞大：让客户在一个接一个的见证面前，自己认为没有必要再提出更多的质疑。

2. 细节翔实：如果是冲动型消费的产品，成交门槛本来就不高，粗略的见证也许就够了；如果是工业品或大宗商品的消费，经不起推敲的见证是没有价值的。

3. 覆盖面广：对于通用型产品，你的第三方见证一定要展示你的通用性；即使你专注于某领域，也必须证明你的产品能适合这个领域内的各类客户。

第三方见证包装技巧

第三方见证有很多包装技巧，现在分类说明如下：

（1）海量见证法。

在大多数的企业中，客户成交以后就被遗忘了，更加没有人会想到去采集每一个客户的见证。但普通的客户见证是不够的，每个销售人员都可以轻松地口头举出3～5家合作的客户，所以你无法达到远远超越竞争对手的目的。想做得好，你就要比竞争对手做得更多、做得更大、做得更好，你应该超越对手

10倍。

一个销售人员在你面前说有2~3家企业采购了产品，客户都觉得很满意；另一个销售人员在销售时，随身携带了5~10家企业的产品使用现场照片、企业中具体负责人对产品使用效果的书面反馈，同时还有各项资质的书面文件……

后者的销售效果绝对会比前者好很多倍！为了加强说服力，很多企业还会组织会议营销，在会议营销现场安排关系好的老客户上台，绘声绘色地描述他是如何通过这个产品获得超高满意度的体验的。

这种现身说法，配合企业的现场促销成交行动，效果非常明显，我们会在下一节里面详细谈谈促销成交的内容。

（2）超级见证。

如果你没有那么多的客户见证，还可以选择另外一种策略，那就是超级见证。你可能不知道谁是段永平，也不知道他究竟有什么本事，但是当你知道2006年他以62.01万美元拔得头筹，成为与巴菲特共进午餐的第一个华人，你就应该对他刮目相看了。

从陌生到佩服，这就是超级见证的力量。中德设备的一个超级见证，就是与百威啤酒的合作，这个世界知名的啤酒巨头，正式展开与中德设备的合作，进一步奠定了中德设备这个国内最大啤酒酿造设备商的龙头地位。超级见证的公信力极强——少而精，说服力强大。巴菲特被当作超级见证的另一个例子，是比亚迪获得其附属公司的入股。

2008年，多家金融机构在比亚迪股份（1211. HK）获得巴菲特旗下附属公司MidAmerican（下称“中美能源”）入股约10%之后，纷纷对此项投资给予高度评价。

其中花旗银行于9月29日发布专项报告称，这是对比亚迪主席王传福强大的执行能力的肯定，认为比亚迪已经进入并成为充电电池、手机设备和集成以及电动汽车等多行业的领先者，并借此高度重新调高比亚迪投资买入评级。

截至10月3日港股收报，受入股消息影响，比亚迪股价已较前5个交易日（9月26日）上涨六成多，每股报收13. 78港元，最高涨幅更是比9月26日高出近九成。

这些证据如果是竞争对手所没有的，那么就具有非常大的杀伤力。

超级见证是指向竞争的，是区别于竞争对手的。

你可以从数量上，或是质量上做到远远超越竞争对手。如果你没有超级见证，也没有海量见证的话，那么我建议你尽快去打造一些出来。这并不难，只要你把本书读完，自然会得到很多启发。

第三方见证是解除客户理性抗拒的强大武器，客户潜意识会认为别人也是经过理性思考才决策的，所以自己进行理性思考的必要性就降低了。

不过，第三方见证需要一定的积累和提炼，当你设计新品类的时候，就应该同步去提炼你的第三方见证。你可能会需要用到提炼第三方见证的工具，这里我们奉上引销体系培训的见证采集范例，供你参考。

自动生效的见证采集范例

为了保证每次服务都留下有效的见证，我们为引销体系的专项培训设计了见证采集标准，共涉及十余项照片标准和四项采访标准，这里节选一部分：

> 照片 1——课堂开始前：教室布置好之后的全图、各个不同角度的照片（前、后、左右）；教材的摆放；桌子上的茶点等。
>
> 照片 2——课堂休息时：拍摄零乱的桌椅、桌子上所剩无几的茶点、学员与老师课间讨论之类的小细节。
>
> 照片 3——老师：拍摄老师授课时生动的表情和动作（如：大笑、拍手、提问学员等），不需要特写。
>
> ……

我们的服务人员只要在现场严格执行这些标准即可，每次服务完毕，我们都会分类保存。

这样，每次服务都以第三方见证的形式保存下来，为未来的销售提供支持。

第二节

驱动力设计——解除客户的感性抗拒

即使企业能够解除客户的理性抗拒，最后一刻的成交对于客户来说也总是充满痛苦的，因为这一次决策，意味着客户失去了对项目的控制力。客户面临着巨大的决策风险，一旦他的选择出现失误，所有的责任可能都需要他来承担。所以，我们才会说客户是“理性思考，感性决策”。我们可以用趋利避害来说明如何解除客户的感性抗拒。

趋利，意味着你必须要将一个极具诱惑力的方案放在客户面前，使客户产生难以抑制的采购冲动，增强客户的采购动力。

避害，则意味着你必须不断地降低客户获得这个方案的门槛，减少客户的采购阻力。

企业在“驱动力”和“降门槛”上做得越好，那么成交就离企业越近，我们把这整套方案称为“引销”，这也是成交系统中极其重要的一部分。

“驱动力”设计

引销与推销最大的不同，就在于引销是使客户自己感觉到“不买就是傻瓜”；“推销”则需要通过销售人员去证明这一点，但很多销售人员自己都不相信客户“不买就是傻瓜”。

羊城通是全国最大的小额支付电子钱包运营商，全广州2000万人口，几乎人手一张，所有的公共交通都依赖于这张小卡片。

图3-2 可在全广东消费的羊城通卡

羊城通的一项主要工作，就是像银行或银联一样，在各商家铺设POS机，实现顾客在这个商家中的刷卡消费。销售人员按照常规方式去推销，往往卡在刷卡的结算手续费上面，手续费的高低是一个感性问题，只要你收钱，永远无法证明你的合理性，因此，推销的难度非常大。

这个案例就是典型的“驱动力”设计问题，对于客户而言，虽然装上设备以后理论上会有很多持卡客户来消费，但这毕竟还是“空中楼阁”。为了增强“驱动力”，以餐饮行业为例，我们与另一家小额支付企业展开合作时，进行了如下设计：

选择有信誉的大型连锁餐饮店，向对方预付 20 万元，条件是安装消费设备。也就相当于承诺安装设备后，最少会给商家带来 20 万的消费额，所以对商家的“驱动力”大大增强。

以前的状况是，就算装了设备，因为怕麻烦，很多商家也不愿意邀请客户刷卡。

为了刺激商家主动邀请客户刷卡，我们同时规定，这 20 万元的消费，必须在一定期限内完成。因此商家为了获得这 20 万，开始主动引导客户进行刷卡消费，这样也培养了客户的刷卡习惯。

从不愿装设备、不愿主动邀请客户刷卡，到主动装设备，主动邀请客户刷卡，一个简单的“驱动力”设计，就可以实现了。

所以，客户不和企业成交，往往不是因为销售人员的能力问题，而是企业产品本身的驱动力不足。销售管理者必须要掌握“驱动力”设计的方法，才能够时刻保证自己产品的竞争力和销售额。

在引销体系中，具有超强驱动力的典型产品是“业绩倍增”。“业绩倍增”是一个咨询项目，是指由引销团队进入企业，帮助企业改善管理，提高业绩。

传统管理咨询业务是靠销售人员，甚至是专家来说服企业老板，令企业老板相信自己所推销的方法是有效的，将来是可以赚到钱的。这种传统模式就和上面的案例一样，只是用未来向客户“画大饼”而已。

这样推销会遭遇到客户的理性抗拒，客户会想：“是不是真的像你说的这么好?”即使推销人员花了大力气去证明了，也会遭遇客户的感性抗拒：“在我这里会不会有效，心里还没底。”而引销体系超越所有的管理咨询专家，首次提出“业绩倍增”，直接告诉客户：“我们保证能让你的企业实现业绩倍增。”

也就是说如果今年的销售额是 1000 万元，我们来保证你一年后达到 2000 万元；如果今年的销售额是 2000 万元，我们保证你一年后达到 4000 万元……

与管理咨询专家们提出的“看起来有用”的理论相比，这种对业绩倍增的承诺显然更有“驱动力”。如果客户希望实现业绩倍增，就可以跟我们合作。而且目前市场上没有专家敢承诺业绩倍增，因此引销体系又做到了远远超越竞争对手。

“驱动力”设计得好，会令客户非常想付款，非常想合作，

现在只剩下最后一个问题，就是万一不行怎么办？如果我们连客户的后顾之忧都能完全打消，那么成交就是必然的。经过我们长期的实践，我们发现打消客户的后顾之忧最好是由“降门槛”来实现。

“降门槛”突破最后一道防线

在10米宽的悬崖对面有1000万元现金，在没有任何辅助工具的前提下，绝大多数人没有兴趣去拿。不是“驱动力”不足，而是“门槛”太高。所以我们现在要把10米宽的悬崖变成1米宽，甚至变成0米宽，让客户能够轻松地跨过，这就是“降门槛”。

还是以之前的小额支付公司为例，20万元的预付消费不仅是“驱动力”，还是“降门槛”。在此之前，任何一家商户安装POS机，都需要缴纳一千至数千元不等的设备费用。这个设备费用就是“门槛”，导致很多客户不愿意进来。

经过分析，我们发现企业的主要盈利点是交易手续费，设备费用对企业的意义并不大，只要商户信誉良好就没有问题了。所以，现在客户不仅不需要支付设备费用，还可以凭空获得20万元的预消费额，不仅仅是降低了“门槛”，还做到了零风险。

面对一个零风险高回报的项目，如果经你确认它是真实可信的，你有没有兴趣参与呢？这就是“降门槛”的意义：

只要有风险，客户就会止步；“降门槛”就是把客户的交易风险降到零，使客户能够轻松地做出购买决策。

最常见的“门槛”集中在价格和风险上，福利彩票用500万元的“大鱼饵”来吸引老百姓，在每期报纸上几乎都能看到彩票中心发布的海量见证，而“门槛”只有2元。

降低价格“门槛”

降低价格“门槛”的方法有很多种，比如：

（1）有条件降价。

2011年2月，CHA CHA日式餐厅通过大众点评网开展了团购活动，1500张体验餐券售空。80元即可享用原价253元的两人套餐，这种降价不会影响到企业的定价，又比传统幅度不大的促销更有力度，迅速吸引了大量的客户。同样，2010年韦博英语也展开了大型的有条件降价团购活动：

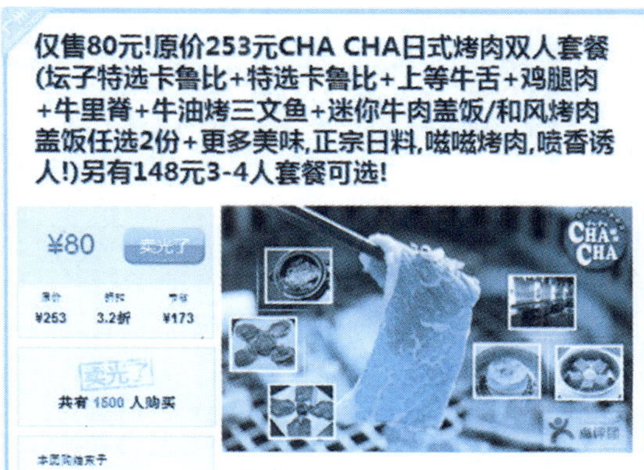

图3-3 大众点评网（www.dianping.com）的团购

仅用 9.9 元就可获得原价 5999 元的“韦博国际英语”英语课程（共计 20 课时，每课时 60 分钟）！

在短短的 3 天时间里，韦博英语在宁波吸引客户达到 826 人，在广州吸引客户高达 3000 人，活动以名额爆满结束。这种“降门槛”的活动，与第一章所谈到“引流系统”的不同：

引流系统带来的，仅仅是意向客户；“降门槛”带来的是真正的、有诚意、已付费的客户，以后可以通过追销扩大销售。

有条件降价的要点在于：

成交比空谈销售额更重要。

（2）小额订单。

如果你的企业销售的是工业品和大宗商品，就可以用小额订单的策略。在销售中我们会提到“小单子做大，大单子做小”的理念，有信任度的客户和企业成交小单子是很容易的，但这时候销售人员应该想办法建议客户扩大采购量。

如果客户一来就说要谈大单子，基本上是不成的。连基本的信任都没有，怎么可能成交大单子呢？这时，有经验的销售人员

就会把大单子往小单子谈，同意客户“未来要做大单子”的说法，但是从眼前的小单子谈起，更加有利于成交。

大宗商品和工业品也可以通过设计试用装、体验装、样板等模式，让客户先使用，等到对方习惯、认可，甚至产生依赖后，再扩大销售。所以，销售管理者必须懂得如何为销售人员策划不同的入门产品组合，不能直接把一个“门槛”极高的产品抛给销售人员，等待结果。如果这样做，最终吃亏的会是企业自己。

降低风险门槛——零风险承诺

价格是从口袋里掏出来的钱，是当前的痛苦；而风险是未来的痛苦，究竟买了以后好不好用，能否达到预期的效果，万一不好用怎么办？

对未来不了解，是阻碍客户与我们成交的最大的敌人。为了打消客户的疑虑，最理想的办法，是由企业来承担客户的一切风险。

如果客户不满意，就向客户提供全额退款的保障。这个策略叫作“零风险承诺”。有的人说：毛老师，你是不是疯了?！客户不满意的理由太多了，都来退款岂不是要亏死！不过我们要提醒大家的是：

> 零风险承诺是一个非常强大的技术，同时它也代表着一种理念，一种哲学。因为有了零风险承诺，你才能向你的市场，向你的潜在客户，非常自豪地宣布：我愿意为你的结果承担全部的责任。

我没有资格要你的钱，除非我确定自己能给你创造10倍的价值。当你交钱给我的时候，并不代表你对我的价值的认可，而是你愿意给我一个机会，让我一步一步地展示给你看，我所说的一切我都能做到。

如果我言行不一，或者你对我有任何的疑问，你都有权利要回你付给我的每一分钱。这是非常有威力的，这是一种姿态，也是一种哲学。

我们的学员他们深有体会，当你提供零风险承诺的时候，你永远不能靠吃老本混饭，你必须不断地创新，必须满足客户的欲望，必须把客户的梦想推向一个新的台阶，必须让客户的满意度不断提高，你再也不能原地踏步了。

因为有了这么一个巨大的杠杆，双向的夹击，所以你的能力会增强，你的进步会加速，你会有一个飞跃。用不了多久，当你站在所有的竞争对手面前时，会有一种“鹤立鸡群”的感觉。为什么？

因为你有这个魄力，有这个能力，因为你创新的速度会超越别人拷贝的速度，所以最终你能把“赢利，为客户服务，创造价值，自我发展，自我提高，不断完善”用一个零风险承诺彻底地连成一片……道理就在这里。

还有一个，零风险承诺对不同的行业是不一样的，零风险承诺并不代表客户购买产品或服务后的所有风险都由你全部承担，但至少代表你比任何竞争对手承担的风险都要多，客户承担的风险接近于零。竞争对手躲在后面什么都不敢承担，而你站出来承担，就已经可以了，但你不能承诺你无法承担的风险。

比如说引销体系推出一年时间帮助企业实现“业绩倍增”，很多人参加引销的培训，他们有一个梦想，那就是只要花几十万引入了引销的团队，然后什么都不用管，去睡一觉，第二年业绩就会倍增了……

听起来不可思议，但是很多人都有这么一个幻想，所以你必须要求他们采取行动，如果他们不采取行动，没有用。如果你卖的是冰箱，你能够保证它能制冷到多少度，可如果客户从来不把电源插上去，那也没用的。

引销团队做过一个非常有教育意义的零风险承诺，我们曾经为处在创业前期的个人提供了一项非常好的小型项目。这部分客户的特征是缺资金、缺项目，所以我们就为他们提供项目，而且这个项目可以保证让客户快速挖到第一桶金。

我们设计了零风险承诺，你支付 2000 元购买我们的营销资料，我保证你能在两个月之内得到 10 倍回报，也就是两个月之后，参与这个项目的人就会收获 20000 元。

如果我们的设计停留在这里，那么可以预言，我们死定了。因为对于大多数人来说，拿到资料就不会再行动，当然也就不可能实现 20000 元的回报。

最后这些客户可能还会拿着我们的宣传资料找到我们，信誓旦旦地说：你看，你不是承诺我 10 倍回报的吗？现在一分钱都没有。实际的原因我们都清楚，没有行动怎么会有结果呢？所以这部分风险是企业所无法承担的。

由于我们预见到这个问题，所以提出了对行动的要求，要求创业者记录他的执行过程。在这些要求之下，这些创业者也紧张起来，严格按照我们的行动要求去做，我们用这种模式，帮助近千名创业者获得了创业所需的启动资金。

当你提供这么丰厚的零风险承诺的时候，你当然有权要求对方去做最基本的尝试。虽然不能要求对方太多，但是最起码的要求得有，否则你的零风险承诺就没有意义。

一家补习班承诺一定会让学生超过一类高校的录取线，你参加了我的培训班，总共十次的培训你参加了五次，如果还是不满意，可以退款。但是我要求你旷课不能超过两次，合理吧？

一个方面要求他做出足够的努力去得到这个东西，如果他不努力，再好的东西他也得不到，你需要让他去采取行动。当你提出最起码要求时，那些不认真的人，根本就不会成为你的客户，因为他不会去采取第一步的措施。

“我承诺你一天不满意可以退款，但是我要求你全程参与。”（如果这个人的想法只是到外地转一圈，旅游一下，那他就不会来了。）因为他做不到，所以你通过设定起码的要求，就把非潜在客户给排除了。

所以你做的承诺也一样，只要客户要求退款，你必须100%地退钱，你提供的无条件承诺必须要实现，但是对方要先交钱，这样做的目的不是为了“卡”这些客户，而是要把那些不符合条件的客户“删除”掉。

如何设计零风险承诺

根据行业、产品类型、支付类型不同，零风险承诺有各种各样的版本。

（1）先购买，不满意无条件退款。

这个版本，在电器、网购等行业中被广泛使用，越是冲动型消费，越是需要这种模式。现在甚至连保险业都为客户提供了成交后 10 天的反悔期，原因就是因为保险业务员太能“忽悠”了，而客户根本没时间仔细研究协议，这种“忽悠”最终会破坏这个市场，使客户失去对行业的信任。

很多企业提供的是 7 天内不满意无条件退款或退换货，前提是不影响二次销售。但这里存在一个问题，有些类型的产品不拆封是不可能知道是否满意的，这时候就需要我们的第二个版本：

（2）先付费，后试用，不满意退款。

“鼻炎用优鼻”这个广告词已经被很多人所知晓。新保健品上市，最难跨越的就是信任问题，因为药品无法从外观判断其价值，而且客户的试错成本非常高。

图 3-4　优鼻零风险承诺案例

为了迅速打开市场，优鼻就采用了付费试用装策略，在大瓶装的产品之外，附加了一个小瓶装的产品。并告知客户：先使用小瓶装的产品，如果感觉效果不好，可以回到药店，全额退款。

对于优鼻来说，就不用损失一整瓶的产品来给客户试用，大大降低了试用成本。同时也通过事先购买，删除了需求不大或没有购买力的试用客户。

（3）承诺结果，达不到结果就退款。

达美乐这家公司早在1960年就开始卖比萨饼，但真正让它从类似巷子口那种小小的沙县小吃演变成跨国连锁知名比萨饼店，靠的却是在1973年开始的30分钟保证送到口号。

这规则很简单，也很吸引人，就是你打电话去订餐，达美乐30分钟之内一定送到，否则这次比萨饼就免费送给你。

在美国的经验就是，如果公司有同事中午订比萨饼，肯定一伙人开始算它几分钟才会送到，众人纷纷盼望30分钟内千万别到，因为那样就有免费的比萨饼可以吃了。

所以，如果你提供的产品是服务，可以用服务效果来做零风险承诺。客户需要的是肯定的结果，你越能给客户表达一种肯定的结果，客户就会越安心。记住要结果……结果！

2009年，引销团队的周军老师为香港王牌顾问有限公司进行了优化，同年推出零风险承诺：一个月之内帮助婚纱影楼赚到50万元利润，没达到利润目标全额退款。

图3－5 魅力新娘业绩增长数百倍案例

半年内，借助魅力新

娘项目，该企业从月营收数万元，半年内成长200多倍，飞跃至年营业额2000万元，成为拥有数十位职业培训老师的全国知名婚纱影楼营销机构！

图3-6　周军老师（前排左4）与魅力新娘团队合影

上面所说的案例都是服务，硬性成本较少，机会成本较大。如果你的产品是设备，特别是非标设备怎么办？这时你可以采用定位转型策略和风险切割策略。

（4）产品软化。

2011年正月初八，我们参与中德设备的客户关系管理系统（CRM）招标活动。现场的应标单位，有传统国内大型品牌，也有新兴国内小型品牌，还有国外的品牌。

竞标现场几乎每一个销售人员的陈述重点，都是在一味强调产品的功能特点，或说自己有多少的成功案例，没有谁告诉我们这个软件能给企业带来什么效益，更不用说承诺结果了。

所以，可以看出以产品为导向的销售在几乎所有的企业中都是主流，这已经是一种传统、一种习惯，几乎每个销售人员都必然会犯这样的错误，这不是某个销售人员可以解决的。这时销售管理人员、企业高层只要从企业、产品规划的高度出发，就可以很轻松地找到突破点。

如果你销售的是设备这样的硬产品，那么客户眼睛盯着的，就永远是你设备的参数——性价比，其实有很多参数对客户来说并不是很重要，但是客户会在这上面较真，所以销售管理者应该具备产品软化的观念和能力。

产品软化就是把设备销售型企业转成服务销售型企业，或者叫作“解决方案提供商”。

> 一旦你变成解决方案提供商，销售人员和客户洽谈的就不再是设备有多好，而是客户的目标是什么；客户不再关注性价比，而是关注投资回报率。

这样，如果你能承诺效果，很多非标客户甚至会同意使用标准件，大大降低成本。中德设备就成功地把自己从一个酿酒设备制造商，变成了一个酒水营销专家。

（5）风险切割。

风险切割适用于大型非标设备采购项目，当然也可以应用于其他项目。在大型非标设备的成交过程中，客户总是会对某部分内容存有疑虑，而且在未来的使用过程中也可能出现各种不可预期的问题，这时候要求企业承担100%的退款风险，显然有些不切实际。

但企业可以对客户所担心的某个具体的环节做出承诺，比如备件供应速度，如果备件供应在服务期内无法做到3小时到位，合同中将有相关的惩罚性条款。这种条款可以立刻解除客户对该部分内容的疑虑和担心，比销售人员个人的信誓旦旦要好得多。所以我们知道：

零风险承诺并不是一个噱头，它的背后代表了企业对自己产品的信心，以及对自己实力的信心。

如果产品本身有问题，无法达到承诺的效果，这把利刃只会伤害到企业自己，这时候企业应该把更多的精力投入到产品设计上。

没有核心竞争力的“忽悠型”企业，是不敢使用零风险承诺的，也不能享受到这个强大工具带来的超额利润。

第三节

神奇的行为指令——命令客户立刻行动

“行为指令”是全书最“简单、最易懂、最快见效”的策略，用更多的“最”来形容它也不过分，甚至可以说就算整本书你只学习这一点，也能让你的业绩倍增。

让我们以引销团队中毛老师的一张简单的名片为例来看看行为指令的威力。

图 3-7 毛老师名片上应用的行为指令

每次派发名片给初次认识的朋友，每个人都会发现正面底部的一行字“初次见面，送上小礼”，同时会看到一个箭头。这是第一个行为指令，目的是引导对方阅读名片背面。在名片的背面，我们又设计了第二个行为指令：

> 与您分享高成长销售型企业的秘密。
> 免费赠送《销售效率优化黄金手册》。
> 请立刻登录 www. yinxiaoxue. com.

这个行为指令的目的是引导客户登录网站，因为网站上的信息更翔实、更充分。一张小小的名片，充分体现了行为指令的特征：

> 1. “命令”客户采取行动。
> 2. 提供有效的驱动力。

行为指令设计——“命令”客户采取行动

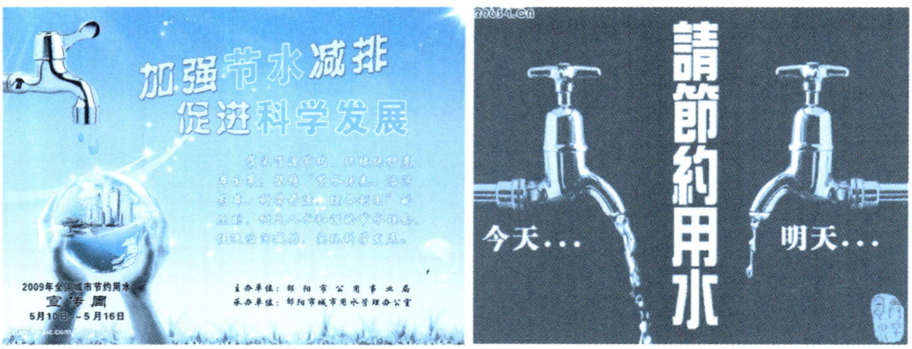

图 3－8　有行为指令和没有行为指令的对比

以上两幅节水广告的效果，第二幅明显比第一幅要来的清晰、直接。当然还有更直接的，比如在洗手间里面，写上“请向前一步”，就比写上“请保持卫生”效果要好。所以，行为指令的定义非常简单：

把你希望客户做出的行为，明白地告诉客户。

客户大多数时候都处在可做可不做的状态下，如果你提出要求，客户可能就做了；如果不提要求，客户就不做。

而很多销售人员总是想当然地以为客户应该会做出这样的动作。就像名片一样，我们在名片背面印了内容，就想当然地认为客户应该会去看。

发生在销售人员身上的类似的情况还有很多：

给客户发了资料，就想当然地认为客户应该会看。

洽谈一切顺利，就想当然地认为客户应该会签约。

把网址给客户，就想当然地认为客户应该会浏览。

……

事实证明，大多数情况下，客户并没有做出这些应该做的行为。往往是：

下次沟通，发现资料还没有看。

等了三五天，很奇怪客户为什么还没有传协议过来，打电话去发现对方已经和别人签约了。

所以，客户需要销售人员明确地告诉他下一步该做什么，不仅要告知，甚至还要催促，他们才会做出这种行为。

> 一切想当然都是没有意义的，没有什么是客户应该会做的，你不叫他做，他就不会做。
>
> 至少大多数客户是这样的。

企业在进行广告营销活动的时候，同样会遇到行为指令的问题，很多企业一想到广告，就想到品牌。想当然地认为：消费者听说了我的品牌，就应该会来买我的产品。

大多数广告宣传的目的，是希望将曝光率转化为具体的消费行为，如果企业的广告目标是扩大销售，那么缺少行为指令将会直接给企业造成损失。

新年期间，见得最多的广告就是“××企业董事长率全体员工给新老客户拜年”，这类广告明显就缺乏行为指令，××企业是做什么的，卖什么产品，听都没听过。

很多企业以为自己打了品牌广告，其实你的品牌早就被其他的同类品牌所淹没，很少有客户会慕名而来。大量的资金就这样被浪费了。企业的广告目的是扩大销量，举个例子来说，“怕上火就喝王老吉”对销量的刺激比“全国驰名凉茶——王老吉”要好得多。

> 成交，就是叫客户去买，然后客户去买了，就是这么简单。

企业可以反思一下，以前的宣传，叫客户去买了吗？所以，无论企业是与客户进行了一次电话沟通还是面谈，或者是投入了一次广告宣传，只要是销售型企业主要的沟通、宣传目的是为了直接刺激销售，企业就一定要记住在沟通结束或宣传版面的最后加上一个行为指令。只有这样，企业的沟通、宣传才能转化为客户的具体行为，才能达到你实现销售的目的。

有效“驱动力”提升行为指令的效果

行为指令也许没法实现100%的成功率，但是比起没有行为指令，其成功率至少能增长几倍。我们将通过名片、导购两个案例来解释，如何通过“驱动力”的设计，进一步提高行为指令的质量，提高成功率。

名片中设计了两个行为指令，第一个是希望客户把名片翻过来看；第二个是希望客户访问网站。一张小小的名片，如果可以让客户主动上网接受我们更多的信息，我们已经非常非常满意了。

如果最终目的是为了让客户上网，那为什么不直接写上“请立即访问 www. yinxiaoxue. com”呢？主要原因就是“驱动力”不足，客户不一定有理由和动力去打开电脑、输入网址、花时间看网页，这些动作真的是有些麻烦。

图 3－9　名片里的第一个行为指令

所以，我们把这个大目标分成了两步，这和销售人员不能一见面就谈交易是一个道理。

为了让客户有动力、有兴趣把名片翻过来，我们设计了见面礼，礼多人不怪，我想没有几个人会拒绝小小的见面礼。

为什么客户要翻过来？因为：

1. 我们第一次见面。
2. 我要送见面礼给你。
3. 不用你花一分钱，只要把名片翻过来就可以。

我们认为，仅仅是把名片反过来这样一个简单的动作，这么多理由已经足够让客户“自愿”去做了，不至于引起任何的反感。接下来开始实现第二个行为指令，这个就比把名片翻过来要复杂得多：邀请名片持有者登录我们的网站。

名片的背面文字比较多，我们首先要实现的，不是邀请客户

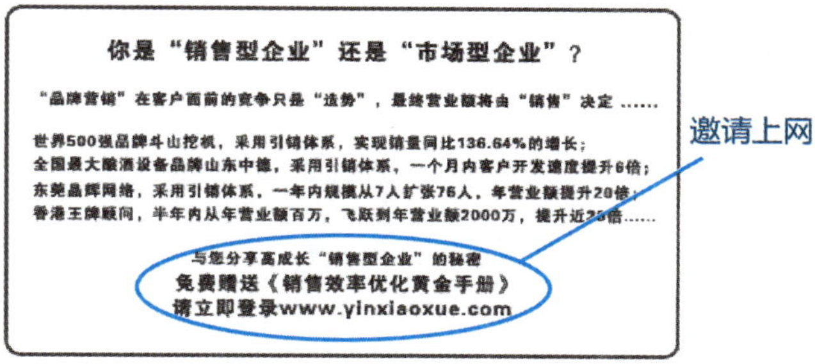

图 3－10　名片里的第二个行为指令

上网，而是引发对方进一步阅读的欲望。

你是“销售型企业”还是“营销型企业”？

这个问题和接下来的实战案例，可以引起企业管理者的好奇心，好奇心是继续阅读的第一步。现在进入到正题了，我们必须解决“为什么要上网”的问题。留着名片，回家还要记着，还要开电脑，还要输入网址，还要看……真的是很复杂的事情，所以必须给客户足够的“驱动力”。

因此我们才决定，向所有的名片持有者，赠送《销售效率优化黄金手册》。这本小册子在任何地方都没有出售过，甚至连你正在阅读的这本书里面都没有提及。

某种意义上说，这本小册子的价值已经超过你的行为成本，所以，它很自然地成了一份重要、体面、足以体现名片持有者身份的见面礼。为了让名片持有者上网，我提供了如下的理由：

1. 你想知道自己是销售型企业还是市场型企业。

2. 你对这些企业为什么成长得这么快感到好奇。

3. 你可以获得有价值的《销售效率优化黄金手册》。

4. 最重要的是，得到上面所说的一切完全是免费的，你需要做的只是打开网页而已。

与这么多好处相比，看似很难做到的邀请上网变得容易多了，也现实多了。所以，设计“驱动力”的一个很重要的原则是：

你必须向客户提供足够去采取行动的理由。

如何设计有效的驱动力

设计有效的驱动力可以采用四种方法：

1. 引起好奇心。
2. 塑造价值。
3. 紧缺效应。
4. 为客户设计行动的理由。

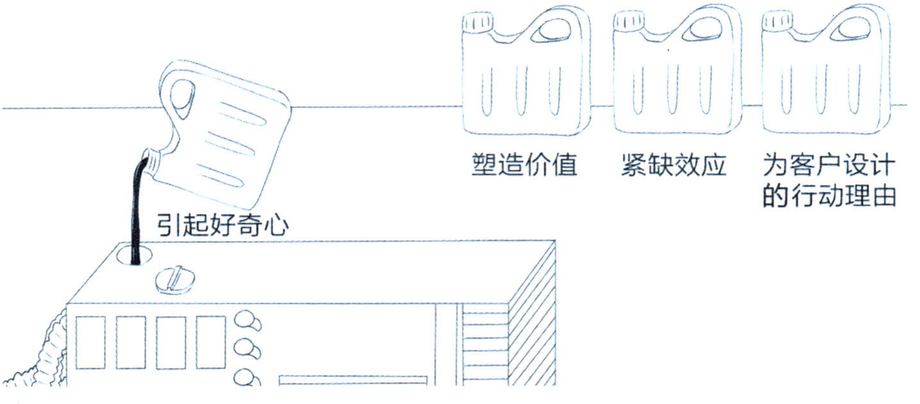

（1）引起好奇心。

好奇心是不可阻挡的，比如某个大导演拍了电影，然后所有的媒体都批评电影有多么多么烂，但是去电影院欣赏的人不减反增。

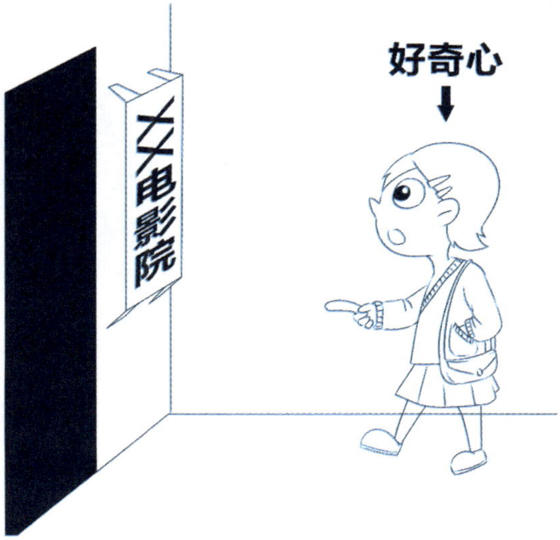

很多人就是去体验一下“究竟有多么烂”“是不是真的像宣传的那么烂”，为此花钱也在所不惜，就算看完电影再跑出来大骂也在所不惜。

基本上来说，只要让客户对结果足够好奇，然后告诉客户，你只要做某事就可以获得结果，客户就会采取行动。

（2）塑造价值。

没有谁会去做没有价值的事，客户也是如此。超市有个酸奶导购员，每次捧着酸奶要求客户试饮之后，就会立刻主动说：

> “味道还不错吧？这种酸奶里面有水果，其他的都没有，买一点试试吧。现在有特价，原价是 25 元，现在只要 19.9 元，今天是最后一天促销……”

由于加入了行为指令，这个导购员的业绩当然要比那些试饮之后任客户离开的导购员好得多。这句话里面蕴含的规律是什么呢？

1. 这种里面有水果，其他的都没有。（对比产生价值感觉）

2. 买一点试试吧？（降低成交门槛）

3. 现在有特价，原价是 25 元，现在只要 19.9 元。（给出成交理由）

4. 今天是最后一天促销。（紧缺效应）

内容中没有一句废话，而且还是组合拳。我们知道四句话只说其中一句，威力是不大的，但在组合拳的攻击下，本来可买可不买，或者可买这个牌子，也可买那个牌子的摇摆不定的客户，大部分会被收入囊中……

（3）紧缺效应。

心理专家的研究表明，害怕失去某种东西的想法比希望得到同等价值东西的想法对人们的激励作用更大。

理解了紧缺效应，我们就会明白，为什么松下的大规模生产，大规模营销，令产品像自来水一样源源不断地流出来的战略会使其陷入困境，并不断赔本，还一度滑入破产的边缘。

凡是大规模生产的产品价值一定低，如果在马路上奔跑的都是奔驰、宝马，那么它们的价值一定不会高，老板们也不会喜欢它们。

所以，营造产品或服务的紧缺性是驱动客户行为的有效方法。

有人问：“毛老师，就算我限制产能，别的品牌一样会来补缺，客户不买我的，可以买别人的，那我不是亏了？”

我们对紧缺原理需要有更深刻的理解：

紧缺从本质上来说是一种感觉、一种氛围，并不一定是真实的数量上的紧缺。只要令客户在特定的环境、特定的时间里产生了紧缺的感觉，就会产生行为“驱动力”。

（4）为客户设计行动的理由。

> 客户会处在可买可不买的状态下，很多时候是因为他们不知道自己为什么要买，这时候企业或销售人员向客户提供购买的理由就显得特别重要。

图 3－11　为客户找理由的销售广告

这家全球知名的保健品公司，就将自己的产品进行了重新组合，提供了多达六种的送礼解决方案。所以，卖什么并不重要，重要的是客户为什么要买。

第四节　如何吹走客户的风险疑云

所有销售行为中的买方都会担心风险的问题，成交量越大越担心，所以敢于承担风险是消除所有风险障碍疑云的不二法门。然而承担风险有很多种不同的方式，最重要的就是要敢于突破同行默规，突出差异性。

一、理解客户的风险点

风险承诺是引销学所认为的销售八个关键点之中的一个关键点。为了让大家更加明白我们承诺风险的意义，在讨论具体的风险承诺策略之前，我们首先来回忆一下引销学所认为的销售中的八个关键点：

（1）压力点（客户需要购买的原因何在）。我们相信，一切的需求都是由压

力造成的。当压力达到一定的程度，就会逼迫个体做出相应的应对行为，购买就是一种内在需求的满足过程。

（2）需求点（客户需要怎样的服务或产品）。不同的行为面对同一种压力所体现出的需求是不同的。比如同样需要买车，收入较高的人与收入较低的人对于车型的选择会有很大的区别。引销学强调要充分分析客户的具体需求，站在客户角度来分析需求的具体内容。

（3）衡量点（客户的需求与心理价位的匹配度）。有同样需求的人对于产品的要求会有不一样的承受力，承受力的不一致也是客户衡量产品性价比的重要参照。我们在分析客户具体需求的同时，还要明白不同客户对于需求满足所抱持的衡量标准。

还是以买车为例，有些人在价位相当的情况下可能先考虑品牌，有些人可能考虑外观，有些人则会考虑安全系数等等。对于这些不同的衡量点，我们都应该进行充分的评估，为客户提供更多参考。其中的一个原则是紧扣衡量点，提高我们的产品与客户衡量点之间的匹配度。

（4）特征点（排他性特征，产品的优势之处）。引销学是反对向客户推销的，因此我们在提高产品与对方需求的匹配度的同时，还要将我们的产品特点塑造成一种行业的衡量标准。此时，寻找产品与其他同类产品之间的差异性就成为提供产品信息时需要强调的方面。我们在陈述的时候切忌进行太多对比，只需抓住客户最关心的衡量点来塑造产品特性。

（5）增值点（与同行有差异性，如买一送二等活动）。贪便宜是人的一种本性，我们在做销售服务的时候，不仅要让客户感到购买我们的产品是值得的，还要设法营造一种物超所值的感觉。因此要设法寻找产品的增值点，而且要遵循与同行具有差异性的原则，不能别人赠送什么，你也赠送什么，这样无法制造惊喜。

（6）风险点（客户付出的代价是什么）。不论成交量是多少，所有的市场交易行为都是伴随着风险的。因此我们要想提高成交率，就必须明确客户最担心的风险何在，并做出相应的承诺，促成交易。

（7）成交点（描述最终的结果）。我们进行销售/购买行为时，都希望看到有利于自己的最终结果。客户在付出一定的代价之后，他们肯定迫切需要知道自己所付出的代价与承担的风险会带来怎样的一个结果。因此，成交是否能达成，很多时候就看我们是否可以详细描述出客户所需要的结果会如何达成。

（8）服务点（我能做到的服务具有排他性）。这是我们的销售是否能达到自动化的一个重要节点。无论售前、售中还是售后服务，都是新一轮的交易行为的起点。服务的衡量标准是客户满意度，好的满意度将会产生再销与口碑宣传的效果。

在服务点的找寻上，还是要彻底坚持利他的行为，从对方最为需要的方面入手来提供帮助。好的服务将成为整个销售自动化环节的一个完美终点和起点，因为在引销学的体系里，这是一个循环的过程。就销售行为本身而言，我们可以构建以下这种循环的模式：

环境产生欲望→欲望产生压力→压力产生需求→需求产生行为→行为改变环境。

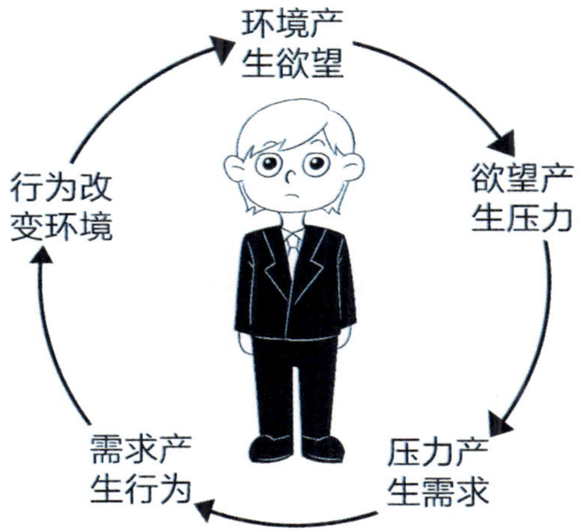

在这个循环的过程中，需求是一种幻象而非一种真实行为。因此我们在进行客户风险点分析的时候，应该从环境中找到压力点，再进一步推演，从而找到我们可以承诺的重点与本质所在。

比如我们要去买一台车，为什么我们会有购买的需求？有不少人是因为周围的朋友同事都买了，所以觉得自己也得买，因此我们说压力点源自环境。面对这一类顾客，我们就要充分分析客户所处的社会环境，明白其所生活的圈子购买的车型有哪些。

从以上这些角度进行分析以后，我们就可以根据对方的具体需求来寻找产品本身最需要承诺的地方。只有明确了这一点，我们后续所做的各种活动才不会成为泛化的一种承诺，难以让客户感受到诚意。

二、承诺是破除一切风险障碍的不二法门

通过以上分析，我们发现客户对于交易风险的疑虑贯穿于整个交易的循环过程。因此我们在寻找客户的风险点时，不仅要站在产品本身的角度来进行陈述，还要从以上的几个点来综合考虑，从而针对其内容达成相应的承诺。

在上一节中，我们讨论了敢于要求对于促成成交所具有的重要推动作用。其实承诺不仅是要求的一种延续动作，也是要求的一种体现。在为客户做出相应承诺的时候，我们不仅要考虑客户的具体疑虑点，还要考虑同行当中所能承担的风险程度，追求差异性。

比如同样是销售培训课程，我们引销学的“销量策划师”课程推崇的是先学习后收费的模式，学员的满意度是衡量是否交费的标准。相对于同行来说，这样的承诺是具有开创性的。

因此做出承诺要遵循以下几点原则：

（1）要在自己能承受的范围之内。这是我们做生意最基本的一项要求，如果只是贪图一时之利而说出大言不惭之语，恐怕造成的后果会比不承诺还严重。我们引销学强调种利得利，强调行

为要对对方有利，这样才能够使得生意得到最大限度的延续。

（2）要找出行业漏洞，在基本原则的基础上突出自己的特性。比如在卖药的时候，我们承诺如有假药，一律退钱。病人买药最忌讳的就是买到假药，如果我们可以承诺无条件退货退款，就能在无形中构建一种较同行更强的可信度。寻找差异性是我们实现承诺的一项重要法则。

（3）对承诺后产生的后果要敢于承担。承诺不是一句豪言壮语，更不是一句打发客户的话语，它需要后续的动作来兑现承诺的内容。因此无论付出怎样的代价，如果我们发现产品问题或服务问题，就要及时地对承诺做出反应。同时我们还提倡在承诺时间范围内提早完成相应任务，这样会让客户产生120%的满意度。

总体而言，成交环节中的要求与承诺是一个相互统一的过程。按照正常的心理过程，客户在听到我们的成交要求时，会产生很大的心理抗拒，而承诺不仅是消除心理抗拒的利器，也是最后促成成交的推手。

成交系统全面回顾

在四大系统中，成交系统也许是最受企业关注的。引销体系常用的是第三方见证，“驱动力”设计和行为指令三大类方法，在每类方法之下，都有一些具体的技巧。

在这个章节，我最希望看到的倒不是企业掌握了多少技巧，而是每一个销售管理者或者是企业老板都能够体会到：在销售人员不能顺利成交的时候，首先要从自己身上看问题。

企业有没有向销售人员提供足够的第三方见证？如果没有见证，面对客户的质疑，一个经验有限的基层销售人员，是很难取得理想的成绩的，而这时候他们可能已经非常努力了。

企业有没有向销售人员提供有驱动力的成交方式？从降低价格门槛到零风险承诺，每个内容都是由企业产品质量、实力、销售定价策略、产品组合所决定的，我们不能指望让一个经验有限的基层销售人员设计出这些内容。

企业有没有教销售人员在哪个销售阶段，采用哪种行为指令？企业向销售人员提供的，是传统的、落伍的销售培训，还是符合现代市场的，最前沿的销售培训？企业的宣传资料有没有起到帮助销售人员达成成交的作用？销售管理者必须掌握这些内容的精髓，并把它们应用到销售管理中去，才能提高销售效率。

第四章

追销系统——“一传十、十传百”的连锁成交

我们已经讨论过引流、沟通、成交三大系统，其中沟通和成交这两个系统主要面向的是A类客户，也就是有即时需求的客户，这些客户现在立即就需要买，问题只在于把钱给谁。

但我们也知道，A类客户只占我们引流来的客户总数的1%，还有19%是B类客户。这些客户可以买，也可以不买，客户是否做出购买的举动，完全取决于企业和销售人员的引导。

属于B类客户的销售线索数量，是A类客户的19倍，这里应该是企业实现业绩倍增的重要切入点。

另外，除了B类客户之外，借用已经成交的客户的信誉，作为第三方见证来进行转介绍；或者是直接向已成交客户做追销，扩大销售额，增加客户对企业的依赖，也是实现业绩倍增的重要手段。本章我们主要讨论的就是以下几个问题：

1. 如何对已成交的客户进行追销，扩大业绩。
2. 如何让已成交客户主动为我们转介绍。
3. 如何用最低的成本与B类客户达成成交。

第一节　客户满意是实现追销的前提

如果产品本身不错，只要有后续的产品，客户就有消费的可能，这是已成交的追销，而转介绍则意味着更大的风险：信用风险。两者都是以客户满意为基础。满意度如果低于 100%，在没有更好选择的情况下，后续消费也会发生，但是转介绍绝对不会发生。

Pizza2Pizza 虽然为我们提供了一次免费的就餐机会，但如果他们的比萨饼很难吃，或者说是很普通，我们就不会再转介绍了。他们的比萨饼比必胜客和棒约翰的都要好吃，至少我们是这样认为的，对我们而言，在这家店消费的满意度可以达到 120%。

> 每个客户在转介绍的时候，心中存在的顾虑是：会不会有某些因素令转介绍对象不高兴？即使满意度是 98%，客户都不会做出转介绍的行为。

所以，为了保险起见，企业的产品和服务，首先必须远远地超越竞争对手，让客户感到120%的满意。这不是口号，而是企业必须达到的，实实在在的目标。那么，什么是120%的满意？

> 120%的满意，是在达成一切承诺的前提下，超越客户的期望。

2010年我买了一台三星的笔记本电脑，用了不到一个星期，就出现芯片温度过高，电脑断电的情况，让我觉得非常恼火。于是我跑去三星的售后服务中心，由于现场没有备件，整个维修过程需要3~4天的时间。如果这时候售后接待人员告诉我要等3~4天，我一定会非常生气，没有电脑，意味着我无法工作。

而售后人员实际说的是1天之内就会有结果，于是我就离开了。当天下午，售后人员就给我来电话，说问题已经找到，会帮我更换主板，备件已经从深圳发出，大约1天后可以到。

只是1天而已，虽然有点着急，但我还是同意了。第二天下午，售后人员又打电话来，告诉我备件已经到了，现在开始维修，第3天上午就可以来取回了。

第3天上午，我依约来到了售后服务中心，电脑已经修好了。临走的时候，售后赠送我一块擦屏布，并向我表示了歉意。我们现在用上述这个服务过程和某些通信运营商做一个对比，当我们向运营商投诉的时候，他们也会给出一个承诺时间，但是这个承诺时间往往是很长的。

在很多企业都没有承诺服务时间的时候，这种承诺是有竞争力的，但是在今天，这种简单的承诺已经完全无法体现与时俱进。在运营商的时限承诺中，大多数时候是承诺答复，而不是承诺结果，这就加大了客户的不满。从上面两个案例中，我们可以看出令客户满意的要素：

1. 承诺结果，并在约定时间内达成。
2. 时间不能超出客户的耐性。
3. 提高和客户的接触频率。
4. 用额外的赠品或服务，来提升客户的满意度。

第二节
关键时刻——将满意率迅速提高到120%

关键时刻一：提供资料

虽然在第一节我们举了几个售后服务的案例，可是服务的概念远远大于售后。由于企业的产品是固定的，甚至在很多时候是同质化的，所以我们只能通过服务的差异化来获得客户的满意度。

在销售过程中，销售人员也会对客户做出各种各样的承诺，而客户不仅仅会记得你的承诺，更重要的是会通过看你的承诺能否兑现来判断你的诚信、企业实力。

所以有经验的企业在管理销售团队的时候会告诉销售人员，必须要对客户做出某些特定承诺，并且必须兑现。因此，销售过程中我们不能简单地向客户提供资料，一定要按承诺的形式提供，这就是第

一个关键时刻：提供资料的时刻。

关键时刻二：进展汇报

回顾三星的案例，他们与其他企业的主要区别之一就是对服务的进展过程进行了分解，不断地让客户了解事情的进展。很多销售人员或服务人员以为只要给客户一个满意的结果就好了，那其实是大错特错的。

很多索赔案例中，客户只要求赔偿1元钱。这是为什么呢？很多时候客户真正想要的不是结果，而是过程。如果三星承诺3天修复，到了第3天，我一定已经非常焦急了。这时候就算我拿到修好的笔记本电脑，心情也是烦躁的，不可能会觉得满意。

> 不断地向客户主动汇报进展，会令客户知道这件事情一直有人在跟进，而且事情正在按计划实施，实施得很顺利，这样客户才会对我们产生信心，才会感到满意。

所以，保持进展汇报是提升满意度的第二个关键时刻。

关键时刻三：超越期望

三星的售后服务人员在最后表示歉意，并赠送擦屏布，对整个服务过程起到了画龙点睛的作用。这个超越期望的效果，只有在客户满意的前提下才能实现。如果在三星提供服务的过程中我就已经不满意了，可能我会把他们送我的擦屏布扔掉，还会骂他们：事情没处理好，难道还想用这块破布来打发我吗？

类似的手段经常会出现在销售高手促成成交的场景中，2010 年江苏昆山 5A 甲级写字楼中茵国际商务花园开盘销售，售楼小姐设计的策略是在成交之后，“善意”地提醒一下客户：可以跟经理再压一下价，或者拿点小赠品。

可能最后只是送出了几千元的物业费，但却使客户对售楼小姐非常满意，于是带来更多的购房合同。所以，表面上看起来超越期望似乎就是在成交或服务结束后赠送一些小东西。实际上，比这些赠品更重要的是时机。为了做好满意度的提升，销售管理人员必须认真策划三个内容：

1. 对客户承诺什么结果。
2. 汇报哪些进展。
3. 怎么把赠品送出去。

完成这几项工作后，因为你所做的工作是超越期望的，是客户没想到的，所以，最终会成为客户和朋友间的一个小小的话题，或者说是谈资，客户会无意识地完成口碑传播、转介绍的工作。

第三节　立刻实现追销的“神秘按钮”

对已成交客户的追销系统由两部分构成：后续消费和转介绍。客户的120%满意为追销打下了一个良好的基础，但这还不足以实现追销系统的效率提升，企业必须解决“最后一公里”的问题。

企业要重新运用起行为指令的概念，在转介绍的阶段，需要下达的行为指令是“请立刻推荐朋友过来”。请看看培训的项目是如何进行“驱动力”设计和“降门槛”的。

引销学企业内部精英培训，是引销体系中一个子产品。在企业的经营过程中，不仅要有方法，还需要有人员去执行，所以快速复制骨干精英就成为企业关心的一个问题，目前在全国各地都有定期的课程在举办。

课程本身非常有竞争力，新产品上市就提出了“满意度低于

80% 无条件退款”及“课程开始 2 小时内不满意无条件退款”的零风险承诺，我们成功地完成了引流、沟通和成交三大系统规划，单个产品一年之内做到年营业额 200 万元。

传统的咨询培训专家，做到这个业绩需要 3～5年的时间。项目站稳脚跟后，为了进一步扩大销售额，我们正式启动了追销系统优化，成功地在一年内把营业额提高了 5 倍。

通过技术优化，我们以市面 1/3 的成本超越同类产品。只要我们和客户有了基本的信任，就很容易成交。所以，第一阶段其实是一个低门槛的课程，帮助客户以一个较低的成本，快速与我们建立交易。

客户听完第一阶段课程后，感觉非常满意，基本上都会预约我们后续的课程，而一般的培训 3 天时间上完就没有后续了。通过这个规划，很明显，我们在产品设计上已经可以通过客户的持续消费，实现销售额的倍增。

接下来是启动转介绍：

通过发放会员卡，我们把所有参加课程的客户都变成会员，并且为会员提供积分。会员可以用这些积分来换取免费培训门票、培训资料和礼品。然后我们开始下达转介绍的行为指令，当然在此之前还是需要设计“驱动力”：

大礼一：VIP 会员介绍好友参加引销学精英班，可免费获赠 VIP 卡！

大礼二：好友可立即获得双倍积分！

大礼三：VIP 本人获得 100% 积分奖励！

就这样，运用利益驱动，客户成为我们持续宣传的合作伙伴。这个案例体现了追销系统设计的几个重要步骤：

1. 保证产品质量。
2. 将产品设计成可持续消费型。
3. 建立会员制度和转介绍制度。

设计可持续消费的产品组合

按照传统出售产品的思路，除非你出售的是柴米油盐等生活必需品，否则一个客户成交了下次还来不来买，什么时候买就很难说了。所以很多企业苦于需要不断地开拓新客户，无法发挥老客户的价值。由于业绩难以提升，所以销售人员的士气也不容易

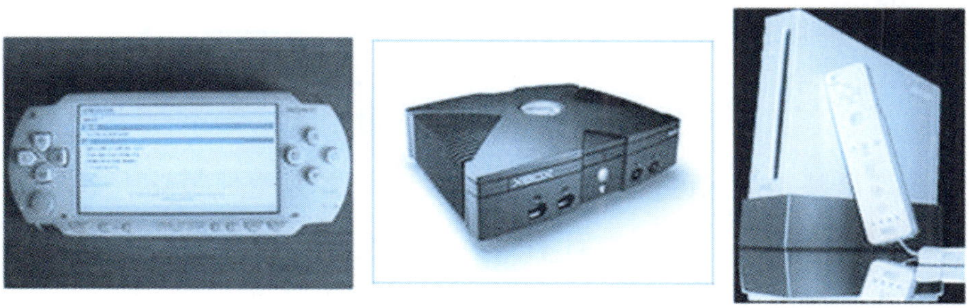

图 4－1　PSP、Xbox360 和 Wii

提升。为了实现客户的后续价值，企业必须掌握将耐用品变成消

费品的技术，先看几个案例，实际体会一下耐用品变消费品的威力。

TV 游戏机行业有个行规，就是机器不赚钱，软件和配件赚钱。SONY 的 PS3 游戏机发售初期，每台亏 300 美元左右。当然不是一直亏下去，随着原材料成本下降和销量的提升，卖机器也会变成赚钱，不过乐观估计也只能填回早期的缺口而已。

在配件和软件上，商家就决不手软，只要买了 PSP 你总是要买配件的，总是要买软件的，企业的赢利点落在了后方。微软的 Xbox360 和任天堂的 Wii 都采用了这样的策略。

> 规划销售就像谈判一样，企业不能让销售人员一下子把所有的牌都打出去，要对产品的使用价值进行切割。先用低价格满足客户的基本需求，再用高价格不断地提供产品增值，满足客户的高层次需求。

满足基本需求的阶段，我们形象地称之为圈地策略，只要把客户圈进来了，就不用担心不赚钱。基层的销售人员当然不会懂得这些，所以，很自然设计规划的担子还是落到销售管理者和老板身上。

搭建消费平台则是圈地策略的另外一种手段，我们以阿里巴巴的支付宝来举例子。支付宝在推广期可能并不赚钱，在终端客户这一块也不赚钱，比如我们在支付宝上向异地卖家付款的时候，我们完全不用负担任何成本。

但是当支付宝拥有了大量的用户的时候，支付宝的盈利对象就放到商户身上，可以不断地向商户收取手续费，经营起一摊无本万利的生意。中国市场的现状是：每个人都知道有很多地可以圈，但是不知道地在哪里。这是值得销售负责人和企业老板深思的问题。

建立会员制和转介绍制度

除了用入门级产品来圈地以外，对于不方便进行价值切割的产品，还可以用会员制来圈地。有一些企业想借鉴直销企业的经验，把客户变成业务员，企图用提成去驱动客户，事实证明这个难度非常大。

连安利都需要建立层级管理制度，而且依靠大量的培训、品牌和企业文化来支撑这个体系，一般的企业要运行直销模式显然是非常困难的。而且用提成来驱动客户实际上并不是一种很好的方法，我们以机票为例，如果航空公司叫你介绍朋友坐飞

机，每张票给你20元钱的提成，你干不干？

如果你的主要业务不是卖机票，估计没什么兴趣。最好的结果是你对航空公司实在太满意了，极力推荐朋友来坐，但是这时候这20元钱的提成，估计你也不会要，而是会选择直接给朋友减免票价。因为，被朋友知道你从他的消费里面赚提成，一定是一件很没面子的事，对方会把你当业务员看。

所以，会员制和转介绍需要利益驱动，但是驱动的形式需要认真地思考和包装。在设计你的会员制之前，你必须考虑到如下两个要点：

1. 转介绍至少要实现三赢：客户、企业、新客户，且利益独立。

2. 用积分而不要用现金。

类似的案例还有航空公司的里程累积，10000里程只是意味着你消费了10000公里，并不意味着能兑换到10000公里的机票。根据运行情况不同，兑换机票所需的里程就不一样。这种设计让企业可以获得较大的灵活性。

第四节 最后的战役——B 类客户销售

前面我们已经谈过了如何找到客户、如何找到 A 类客户、如何与 A 类客户沟通和成交，甚至谈了如何让 A 类客户持续消费并为我们提供转介绍。

这些可以快速提升企业销量，但是 A 类客户的数量是有限的。不要忘记，在我们的“流量池”里面，B 类客户是 A 类客户数量的 19 倍。而且很多销售人员在面对 B 类客户的时候，由于受不了挫折和打击，往往把 B 类客户误认为是没有意向的客户，但决定企业市场占有率和发展前景的，往往是 B 类客户的数量。

因此企业现在要把目光从 A 类客户转到那些不太愿意与企业成交，甚至对企业的销售人员有一些反感的 B 类客户身上。我们将会谈到三个策略：

1. 持续影响。
2. 话题设计。
3. 消费刺激。

如果企业重视并善用这三个策略，将会从被忽略的宝藏中，获得巨额回报。

持续影响

在你家门口有一家餐饮店，你不知道它好不好吃，但是天天经过的话，你总有一天会去吃的，这就是持续影响。人对于没有获得的东西，总是存在天然的好奇心，所谓“三人成虎”，第一次有人说产品好，第二次有人说产品好，以后有机会的时候，客户就会去体验，至少会去了解一下。再退一步说，今后企业的销售人员进行拜访的时候，客户也会比较客气地听一听他们的销售陈述。

持续影响是占领客户认知的重要手段。B 类客户的特点是“可买可不买”，买与不买往往在一念之间，一旦客户冒出了买的念头，而我们却不在客户的认知里面，就等于错失了一次绝好的销售机会。

在实际的销售中，你会经常看到几年前竞标失败的企业，几年后再次被邀请来竞标，最后成功了，或者是让你陪标陪了几年，然后才给你一次成交的机会。

> 客户还记得我们，就是好事。

让客户记得我们的方式有很多，比如编制企业期刊、电话回访、满意度调查、客户答谢会、展会等等。在我们还没有这些形式的时候，其实形式比内容重要。我们不一定有时间把内容做得很完美，但一旦我们建立起了与客户持续沟通的渠道，对内容的优化就变得势在必行。所以，企业要掌握下一个工具：

话题设计

曾经有一位老师送给我一句让我受用无穷的话：

> 塑造自己被别人利用的价值。
> 主动创造为别人服务的机会。

用很通俗的话说，就是“被人利用并不可怕，最可怕的是没人利用”。如果企业保持与客户的沟通，每次沟通都是推销产品，那这个沟通就变成无效的、令人反感的骚扰。

要想让客户愿意和企业沟通，企业就必须向客户提供有价值的内容。很

多企业在自己的内刊中体现的是公司开了什么会、做了什么培训、取得了什么荣誉……都是标榜自己的企业有多么正面，多么好，但是却很少考虑一个问题：这些内容是客户想看的吗？

与公司动态相比，客户更愿意看到的是行业形势、行业动态、新技术、新配方、新商机。很多企业愿意为老客户付出，提供更多的服务，表面上看是服务老客户，实际上却有点讨好老客户的味道。

我们来计算一下老客户和B类客户的价值：每个客户每年的采购额是30万元，老客户今年已经采购了20万元，企业每月支出1000元的成本回馈老客户，年底老客户把另外10万元全给企业。

1000元/月×12：100000元，那么投入产出比约为1:8.3，也就是1元钱产生8.3元的回报。

但实际上老客户成交越多，后续潜力就越小。如果我们每个月向B类客户赠送100元的礼品，一旦B类客户被打通，我们也可能会获得30万元的订单，但这时候我们的投入产出比是：

100 元/月 ×12∶300000 元，投入产出比约为 1∶250。

这里面有两点要非常关注：

首先，我并不是说老客户不重要。但服务老客户的目的是留住老客户，在已经有基本信任的前提下，实际上我们不需要把过多的资源投入到老客户身上了。

有些客户认为我买了你的产品或服务，你回馈我是应该的，有的客户会很高兴收到企业的回馈，但是边际效用递减，送得越多，并不等于客户的感激越多，更不等于客户的回报越多。未成交的客户反而会因为一点点小恩惠而产生很大的感激，并希望有机会回馈企业。

其次，“销售漏斗”的应用非常关键，如果我们不是把服务对象定位在 B 类，而是通吃，那就很麻烦。因为 C 类客户基本上是不会产生价值的，那样就会大大影响投入产出比。

所以，话题必须对客户有价值，有时候甚至要向客户提供实质的好处，比如邀请参加展会、提供样品试用等等。只有你先付出，别人才会付出；只有你先表示了诚意，别人才有可能表示诚意。

消费刺激

在我们与客户的持续沟通中，一方面是体现价值、塑造价值；另一方面也要主动地引导客户产生消费欲望。电影院的销售策略就是如此，它们面对的基本上都是 B 类客户，于是它们把价格长期定在 100 元、80 元，让 B 类客户对这个消费价产生一个认知。

突然有一天，电影院搞活动，打 5 折、3 折，这个时候 B 类客户就会受到刺激，本来是可看可不看，经过这样的刺激，天平就向看的一边倾斜，最终产生购买行为。所以，消费刺激的定义就是：

企业不能傻乎乎地只沟通不销售，也不能只销售不沟通，应该时常提供价值，中间穿插销售，才能起到有效的消费刺激作用。

第五章

如何实现产品营销自动化

所有做销售的人都希望拥有很高的顾客回头率。其中有两个重要的影响因素：一是用户对产品的满意度，二是对我们服务态度的满意度。满意度的提高是增加顾客回头率的关键要素。产品的满意度是销售型企业较难控制的一个环节，因此服务就成为我们最重要的一个突破口。

第一节　营销自动化第一步：分外服务

一、因为关心，所以服务

大家都知道，好的服务可以为我们带来两个良好结果：再销与口碑宣传。如前文所述，满意度是衡量服务质量的重要标准。服务的目标是让对方满意，为满意而努力，满意是再销的关键因素。

一般来说，满意度达到100%就会产生口碑宣传。在同等条件下，服务满意度比竞争对手高1%就可能形成再销：回头消费是由与竞争对手的满意差异度产生的。从人性本身而言，我们都很不愿意去伤害自己的朋友，因此满意度不到100%就不好意思转介绍给朋友。不过我们也明白，产品获得100%满意度的可能性非常低，因此只能提高服务满意度。服务是产品价值的附加价值。

2009年春节，我做寄生营销的研发时总感觉遇到瓶颈，于是决定不回家过年，自己关在办公室17天进行思考，终于发现服务的精髓。在我看来，服务主要分为两种：分内服务和分外服务。

分内服务是指与产品、与公司运营相关的一些配套服务，其中包括分内服务与利益有直接联系的，同行内大家都在做的行为；也包括同行不做，但我也做的关乎利益的行为。引销学认为，凡是与自身利益相关的分内服务要少做，因为这不仅需要投入大量的成本，还有可能养成顾客的消费习惯，不能显现效益。

分外服务包括与产品或公司的利益没有直接关联的服务，也包括同行一般都不做的一些服务。分外服务的核心本质是满足客户的非我性需求。引销学强调分外服务对于提升销售业绩所具有的重要作用，因为我们坚信，客户只要被打动了，就会自动完成再销。

所有的人都需要被关心，被人关心是人的一种本能需求。从小到大，我们都是在别人的关心中成长的。如果没有亲人朋友的关心，我们很难感觉到幸福，也无法体谅到别人的心意。因此，我们强调分外服务的核心是关心+帮助。分外服务是否获得成功的关键是是否站在对方的角度想问题，这要求我们细致地分析对方的重要需求。

我们的目标不是不断地满足顾客，而是如何打动人心。比如冬天的时候，你的客户感冒了要去医院打点滴，你应该送什么给他好呢？很多人去看病人都是送鲜花和水果，或者其他补品，如果此时你也是带着水果去，效果不甚明显。但是如果你带上一个暖水袋，到了医院后，将暖水袋通电加热并敷在滴管上，并告诉对方这样会舒服点，而且可以提高疗效，对方绝对会非常感动，不仅是因为你的行为新颖，更在于你的体贴入微。冲着这一点，客户绝对会成为你的超级粉丝。

从这一案例中我们可以看出，我们想在分外服务上做到更加到位，就必须深刻地体会对方的需求，做足功课，发自内心地关心客户，送出温暖。就人性的本质而言，被关心是我们最需要的一种感觉，但同时也是人最难满足的一种需求。

在关心的基础上，我们还要对能否产生帮助进行认真思考和衡量。比如客户遇到收款难的问题时，我们应该如何解决？一方面，我们可以上网百度搜索相关的案例和方法，整理成文档发给他；另一方面，我们还可以根据自己的见闻及经验来为对方提供一些具体实用的点子。我们要明白，现金流是每个企业都需要的。因此在面对催款时，所有的企业都是先给催得最急的一方，抓住这个心理，我们就可以为客户提供相应体现紧迫性的方法与话术，尽量帮助到对方。

在行业竞争白热化的当下，所有行业的分内服务都做得很好，我们只有在分外服务体系中寻找到行业的突破口，才有可能实现在低成本的情况下达成再销。从企业收益方面来讲，分外服务的提供就是源源不断的“应收人情账款”。只要我们做得到位，就很容易形成再销。

二、问候的魔力

分外服务有很多种方式，面对不同的客户需求，我们要一一进行具体的分析。其中最简单的一种方式就是进行一定频率的问候，表达我们的关心。

就当下的社会环境而言，人与人之间的沟通大约有七种方式，在我们与客户沟通的方式中，每种方式都有优缺点：

说话：面对面的交流。优点：可以全方位地表达信息和需求；缺点：时间成本太高。

打电话：通过电波来传达语音信息。优点：可以及时地收到对方的信息；缺点：时间成本高，沟通状态无法控制。

发短信：透过文字传达信息。优点：成本低，可以批量发送，达成自动化；缺点：反映的信息量有限。

发传真：发送实体信息。优点：可以让客户看到可信度；缺点：成本高，即将过时。

写信：用手写的方式进行沟通。优点：行为成本高，比较能感动人；缺点：不可批量复制。

E－mail：通过网络批量发送文字信息。优点：行为成本低，信息量大。缺点：行为成本太低，不能让人感觉到诚意。

网络即时通信：优点：信息快速传达；缺点：时间成本高；流量有限。

通过以上各种沟通方式优缺点的分析，我们可以得出一个结论，比较有效的一种沟通方式是发短信。发短信不仅成本低，而且还可以借助一定的软件达成自动化发送。通常我们接收到的信息都是群发的，因此即使是问候的话，也是觉得不咸不淡。但是如果我们能对每个不同的对象加上相应的称呼，就会让对方感到更加亲切。

一般而言，对于不同熟悉程度的人，我们在短信中的问候方式也是有区别的，具体的参考如下：

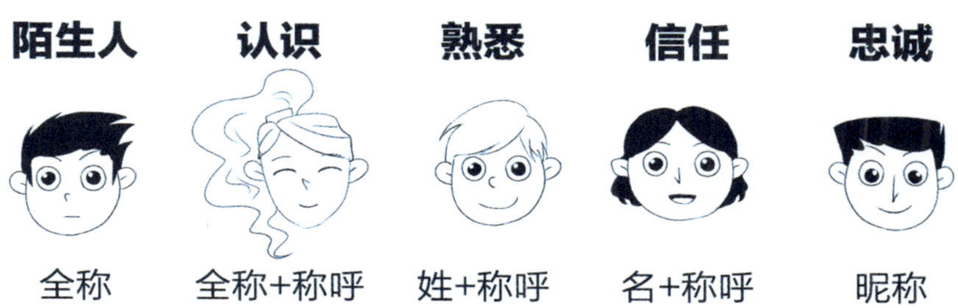

陌生人：全称。

认识：全名+称呼。

熟悉：姓+称呼。

信任：名+称呼。

忠诚：昵称。

透过这些称谓上的细微变化，可以让对方感受到我们与对方心理距离的缩短。现在我们团队已经研发出了一种自动化发送短信的系统，只要我们将客户的各类详细信息输入到系统之中，就可以实现定期发送优质短信。这既体现了我们对对方的关心程度，同时也避免了客户因收到群发短信而产生的那种心理抵触，让客户感觉那是我们亲手编写的。

当然，对于更为重要的客户，我们还可以通过发明信片的方式来表达我们的问候。例如我们外出旅行时，可以考虑购买当地的明信片，在当地发出，我们只需在明信片上写一句话："来到这个很美丽的地方，突然想起你，要是能一起欣赏美景就好了。"让对方感觉到我们很记挂他。如果我们换位思考一下就知道，这种被人记起的感觉有多么美妙。

三、分外服务需要修炼心法

分外服务的一个基本衡量标准是是否对别人有帮助。我们若想在较长的时间内维持稳定的关系，首先要做的就是起心动念就无我。意思是说只要我们动了要帮助别人念头，首先要做的就是将自己的需求隐藏起来，不能表现出自己的需求和欲望。引销学强调一定要具备帮助别人的心，才能够将分外服务做好。从最本质的层面看，服务本身也是一种营销行为。引销学所提倡的服务与一般营销理论不一样的地方是对自我需求的表述。

比如面对同一个陌生客户，一般的销售人员可能会想到自己要如何博得对方的好感？如何让对方喜欢我？这是一种典型的从自我角度出发来想问题的方法。从引销学的角度出发，我们首先要想的是对方是否有什么地方需要我帮助的。

当然，要想在日常生活和工作中时刻保持这种利他心境，就必须修炼自己的心法。大多数人都是以自我为中心，从自己的角度出发来理解周遭世界的，因此无论是面对人和事，我们首先习惯想到的就是如何让对方对自己有利。

要冲破上述的惯式，我们就必须相信每个人的心都是有灵性的，我们要将自己的内心当成一个顽皮善变的小孩一样照顾。要在日常生活中经常寻找机会赞美他，挖掘他的灵性。我们追求的是帮助别人，是一种自然而然的习惯。

在公司日常的沟通中，我们提倡更多地用“我们认为……”等词汇，而不是用“我认为……”“我觉得……”等自我倾向非常明显的词语，透过语言的转变来达到对行为习惯的塑造。要达到上述的境界，就必须相信因果是可以控制的，我们在别人的心田中播下利的种子，同样可以在那里有所收获。

人是非常善于模仿的动物，你希望别人做什么，就要做给他看，因此关心别人是获得别人关心的基本前提。上文中我们曾经讨论过换位思考的方法，其中一个重要的方面就是角色转换，通常我们有两种角色转换的方式：

空间转换，设法去感知不同个体的心境与需求。

时间转换，多寻找优点，然后再往后跳十年看现在。

前者强调的是不同人之间的心境转换，后者强调的是自己在不同时间段内的心理变化。透过这样的训练，可以让自己更好地感知他人的心理变化，从而更好地找到别人最重要的需求点。

第二节　营销自动化第二步：前端的开创

一、企业做强需要运用商业模式

分外服务是实现客户再销和口碑宣传的重要环节。不过从宏观的商业模式观察，无论是合作引流还是分外服务，我们所追求的自动化营销模式体现出来的更多的是一种具体的策略。我们如果想要企业做大做强，就必须引入更加完善的商业体系。

商业模式通常包含四个相互循环的环节：

盈利模式→营销模式→销售模式→服务模式→盈利模式（循环）。

盈利模式主要是解决钱从何而来，如何分配的问题。

营销模式主要考虑信息如何传出去，流量如何导进来的问题。

销售模式主要研究流量进入后，如何面对流量，如何消化流量的问题。

服务模式主要考虑的是如何打动客户，如何实现回流的问题。

我们在寻找符合自身行业发展的商业模式之时，首先应从盈利模式开始往后去思考。在确保有一定的现金流的情况下，解决好企业内部的分配问题。在此基础上，才能综合考虑营销和销售所要面临的问题，从而在服务模式中形成相对模式化的分外服务体系。

在这其中要涉及两个概念，一是帮助我们长期、固定引流的前端；二是面对流量进行有效营销策略的后端。前端与后端的概念是上述合作引流策略的一种模式化途径，其目标就是透过前后端的设置占据行业的制高点，让企业得以在行业中持续发展。因此，前端与后端的概念及其运用，是我们形成商业模式最基本的基础。

二、前端的经营策略

前端和后端的概念与引流的最大不同是，前者是通过借力方式来达成流量的导向，后者则是透过两个项目的经营，先控制流量，然后在后端达成利润的回流。

我们找到黄金客户的需求前点之后，首先要找到该行业利润的最高点，通过价格的优势，将这个利润点拉下，建立自身的信任度。

比如，我们的学员当中有一位卖降血压保健品的杨同学，他的黄金客户在向他购买药品之前，首先会想到买什么东西呢？

当然是血压计。因此我们可以通过设置，投入一定的资金，用低于市场价的方式出售血压计，从而实现黄金客户的引入，开创一个拥有固定顾客的前端。在这一类的顾客中，多数人都是血压有问题才会购买的，因此是降血压药品的黄金客户。

通过卖血压计建立信任度之后，我们可以设置售卖降血压药品的后端项目，实现利润的回流，从而从行业的高度确立自己的优势。

据我们的统计研究，前端的设置需要从行业的高度来寻找，市场越大、竞争越激烈的项目越好，因为这样我们可以在这个市场中找到更多的客户流量。在取得众多客户的信任之后，我们就可以在后端设置与目标客户相关的项目，以实现新的产品销售。

第三节　营销自动化第三步：后端的经营

前后端的设置，是我们完成持久营销自动化的重要方式，对前端的控制是我们得以实现前后端项目衔接的基础。一般来说，前后端的设置可以有两种途径，一种是相同项目在时间先后上的错开；另一种是不同项目在同一目标客户上的推行。

对于前一种类型，我们可以根据以下案例来加深理解。

案例1：日本鞋带大卖1.3亿！

日本有一个微利行业是鞋带，经销商主要是通过增加销量的形式获取利润。其中有一家经销商为了能够占据市场，首先采用零利润的方式卖鞋带。该经销商首先按照进货价0.45元的价格批量卖出产品，在坚持了一年之后，将整个行业大部分的客流全部掌握住。随后该经销商经营者找到相应的销售客户，告诉对方之所以能够如此低价卖出，是因为他们一直在后面打

着，要求提高出货价到0.5元。同时，他们也找到相关厂家，告诉对方之所以能撑那么久，是他们在背后牺牲利益的结果，要求对方将进货价降到0.43元。如此一来，鞋带的利润就可以达到七分，利润超出市场运作之前的差额。不到三年，他们的年净利润居然就已达到惊人的1.3亿元！

案例2：东莞蔬菜批发市场的萝卜商

我以前在东莞做蔬菜批发的时候，看到有一家专门卖萝卜的商户，里头的萝卜是整个市场最漂亮、价格最便宜的。不到一年的时间，这家商户就成了整个批发市场最大的萝卜供应商。经营者的经营策略并不复杂，首先是投入大量人力物力，从全国各地购买优质萝卜。与此同时，每天都会等其他商户报价之后，他们才报价，往往都要比其他商户低一两分钱。大部分客户因为他们的萝卜质优价廉，逐渐地都转向向他们购买。其他商户由于产品质量和价格都无法与之抗衡，最终都纷纷转做其他蔬菜品种。这个商户最终成为整个东莞最大的萝卜供应商。

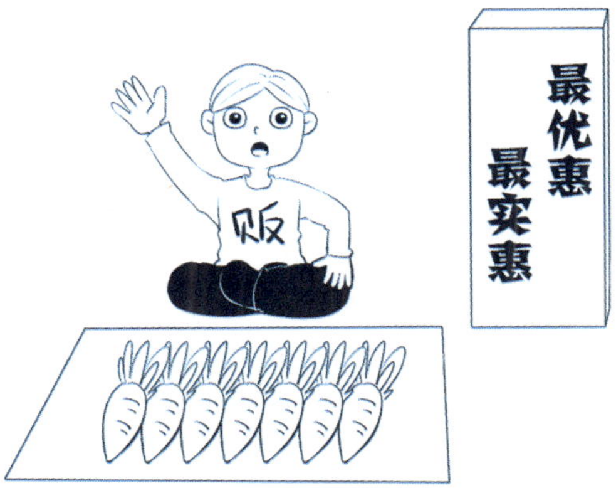

透过以上两个案例，我们可以观察出一些共性。首先，两个案例中的商家的经营者都必须投入大量的前期成本，才有可能在较长的时间内立于不败之地。其次，他们所经营的产品始终都是一样的，只是时间错开而已。成功的那一方利用的就是时间差所产生的价格变化来获得利润和收益。在企业现金流足够多的情况下，利用时间差来达成行业的重新洗牌是企业做大做强的一个重要途径。

另一种类型的前后端设置是目标客户不变，但是前后的项目有变化。以下我们可以利用马自达4S店的案例来进行分析验证。

现在的汽车销售业，单辆汽车销售利润的空间越来越小，这让很多4S店的经营陷入两难境地，惠州的一家马自达4S店正面临着这样的情况，一辆马六的利润只有500元。因此，该店也与大部分的汽车销售商一样，将利润点集中到汽车维修当中。但由于竞争激烈，该店在汽车维修方面也未有明显的市场优势，于是请我们对其销售进行优化。

通过研究分析，我们发现在汽车维修中，利润比例最高的是板晶维修模块，占到营业额的70%；机械类维修只占营业额的30%。因此，决定从板晶维修方面入手，大幅降低板晶维修的价格（降幅10%），并尽量实现板晶维修的流水线化，提高效率。经过优化，该4S店在经营一段时间后就掌握了大部分的黄金客户。与此同时，我们还与保险公司联络，尽量将这些黄金客户的资料放到保险公司那边，从而完成捆绑。在形成一定的市场影

响力之后，很多4S 店维修人员和销售精英都流向本店，从而达到了区域内控制行业的目标。

我们看到这种同一实体不同项目的前后端操作不仅可以扩大企业在业内的影响力，而且还可能实现行业的重新洗牌，这是我们对自动化营销的一种宏观愿景。也许这些案例对于很多人来说都是天方夜谭，毕竟前后端的操作是要冒一定风险的，因此不太适合刚刚开始创业的朋友。但无论如何，如果一个企业想要做大做强，就要敢于打造适合自身发展的前后端。

第六章

心与“售”游——

影响销售执行力的内在因素

前面我们已将整个销售环节和可能优化的部分进行了介绍，我们的目的就是透过各个环节的优化及各种策略的具体策划达到销量及业绩的提升。但是我们同时还要注意，一切影响销售的因素都是以内因为基础，内因是销售的原点。也就是说，客户是否相信我们，是否对我们的产品产生信任，销售人员具有决定性的作用。

信任是一切成交的基础，因此作为销售人员，在取得客户的信任之前，我们首先要做到自信：相信自己的能力，百分之百地相信自己的产品，相信公司，相信顾客。唯有如此，我们在与客户进行沟通之时才能让对方感受到我们的自信所具有的内在力量。

我们也只有相信自己，让客户感觉到我们内心的坚定，才能从内心最深处打动客户，达成交易的意愿。

第一节 自信是一种行为习惯

作为社会化程度最高的动物，个体的人的存在要以其他人的存在为基础，否则难以生存。人与人之间高度复杂的相关性特征要求人类天生就要追寻一种自我相信的能力。一个人只有在工作和生活中不断地塑造自己的自信，才能够战胜各种各样的挑战，并最终为与之相关的人带来帮助和好处。

引销学注重因果互动理论，这个理论应用到个人身上的最大体现就是养成相信自己的行为习惯，最后达到完全的自信。成功的人往往都是善于总结的人，我们每天都要与自己对话，无论是行动还是思维，我们都必须下意识地让自己选择正确的方向。自信就是我们需要追求的最重要的方向之一，因此，自信不仅是一种虚幻的感觉，更是一种可以培养的行为习惯。

既然自信是一种行为习惯，我们追求的就是如何在最低成本的情况下达到最佳的效果。我们追求的自信不仅是个体行为能动

力的体现，更是一种内在修为的历练，是一种自我感觉的循环。

第二节　个人的自信如何修炼

所有的人都希望自己是一个自信达观的人，那如何达到完全的自信呢？这需要我们进行行为习惯的改进。根据我们自身的经验，锻炼自己变得更为自信的方法有以下六种：

（1）笑着说话。人的感觉是非常灵敏的。当我们和一个陌生人在一起的时候，最需要的就是较为轻松的气氛。而在陌生人面前显得很放松很和善之时，就会显得很自信。我们知道空姐培训时，要专门强化微笑服务，这样会让顾客有温馨的感觉。

当我们能够笑着和客户说话之时，对方肯定会感到更加放松，减少本能的抗拒心理。笑着说话，让面部肌肉的变化来带动情绪的变化，让对方感觉到你的内在力量，这是我们显现自信力的重要方面。只要在日常生活和工作中不断坚持，我们会在一个月左右的时间内养成笑着说话的习惯。

（2）说话声音比对方大。就生物性特征而言，声音的大小是人与生俱来的一种能力，但具体的变化也和周围环境的改变有关。我们都知道，很多人在日常生活中可以很轻松自在地讲话，音量也很大。但是一旦到了与陌生人面对面交流或站在讲台上面对众人讲话的时候，声音就会不知不觉变小，甚至会有一种错觉，认为自己很大声了，但是别人根本就没听见，这就是我们不够自信的一种体现。我们要相信，声音的大小，是衡量我们自己所说的内容是否具有可信度的重要外在标准。当我们与客户交流时，往往会因为对方声音的大小而产生或多或少的胆怯心理，从而导致紧张情绪的出现。因此在具体的行动中，我们应下意识地让自己的说话声音稍微比对方大一点，一来可以让对方听得清楚，二来也可以让自己在交流中变得更为主动。

（3）语速把握好，通常要比对方稍慢些。一个人说话速度的快慢是一种行为习惯，是可以塑造的。从思维习惯而言，我们比较习惯相信说话速度比较慢的人。我们观察演说家或政治家在发表演说的时候，往往很会控制语速，用语速的快慢来展示自己的思考力和判断力。从具体效果来说，语速慢一点可以让交谈对象明白我们所要表达的确切意思。反之，如果我们的语速过快，不仅难以让客户听清我们的意思，还会产生一种压力感，让

对方感觉不舒服。因此，在销售行为中，我们提倡尽量放慢语速，在声音大的基础上表达清楚自己的观点。当然，就专业的角度来说，语速的把握牵扯到语音、语调等诸多方面的问题，难以在短时间内系统把握。不过我们的目的并非是要练成播音员，因此为了简化起见，我们在练习之时主要的衡量标准是尽量比客户讲得慢，尽量让对方明白我们所要表达的内容即可。

（4）目光坚定。一个目光闪烁的人，容易给人以不安定的感觉。相信很多朋友都有经验，当我们与领导谈话之时，总会感觉到他们的目光定格在我们的面部，让人感到很威严。同理，我们在与客户交流的时候，若是对方的目光一直没有游移于我们身上，那我们会感到对方散发出一种自信来。无论最后是否能成交，我们都能感觉到一种气场存在。这也提醒我们在与客户交流之时，要敢于与对方对视，不要游移目光。做法就是注意将视线锁定在其脸部的某个点，这不仅可以让对方感觉我们一直都很专注地进行谈话，还可以让对方感觉到我们所具有的定力。我们需要注意的就是要配合之前讲的三个要点，注意整个面部表情的调整，不能让人感觉我们很冷峻。

（5）昂首挺胸。一个人是否自信，还可以从他站立或坐立的姿势中看出来。同样的一个人，如果他垂头丧气地站在我们面前，

我们会感到对方没有足够的自信力。我们更习惯于相信在任何情况下都可以昂首挺胸的人，这是肢体语言的魅力。作为销售人员，我们要做到昂首挺胸，就必须做出一系列辅助动作，其中最低的行为成本就是把肩膀往后放，通过一个动作来让整个人呈现出昂首挺胸的感觉。

（6）敢于“拍胸脯”。一个人是否自信，是否敢于承诺是非常重要的衡量标准。对于人的思维习惯而言，承诺不仅是经过深思熟虑后的行为，更是一种发自内心的暗示。当我们要对客户做出承诺之时，需要一定的肢体语言来配合。比较有效的动作，是在对客户表达承诺的时候将一只手搭在心脏部位上，让人感到你是发自内心地能为后果承担责任，这样就可以塑造出比较强的感染力。

以上的六个关键点，是我们显示自信力的重要途径，也是几种可以养成的行为习惯。引销学的一个理念是自信是通过对自我相信能力的修炼来达成的。在销售行为里，我们相信有这样的一个循环：

相信→自信→信任→成交→业绩→相信

对于自我而言，业绩的提升是个体更加相信自己的一种推力；对于客户和自我的关系而言，成交量的提升也是双方得以更加相互信任的重要前提。回到互为因果理论的体系中，我们可以这样总结：修相信，得自信。

第三节
企业管理者如何提高销售人员的自信力

以上我们讨论的是作为个体的销售人员如何呈现与修炼自己的内在自信力。对于企业管理者来说，我们要想让销售员工拥有更好的自信力，还需要通过一些管理行为来培养员工的自信行为习惯。

首先，我们可以通过以身作则的方式来实现企业文化的塑造。要想让自己的员工表现出足够的自信力，作为管理者先要表现出自信力。通过讲述自身的经历，让员工体验到管理者对于培养自信行为的各种方式，同时，参与到员工自信力提升的活动

中，通过相互提醒，相互纠正的方式来逐渐养成集体的行为习惯。这就需要管理者本人有足够的坦诚度，能尽量减少员工的抗拒心

理。不可在员工面前讲太多虚缈的理念，而是要强调实实在在的行为实践。

其次，进行专门的强化训练。领导者的以身作则是行为习惯得以培养的基础。而想要在一定的时间内提高行为习惯养成的效率，还必须透过一定的专业训练来达成。现今市面上有很多现成的培养团队战斗力的训练方法，我们可以参考各种培训方法，将员工分组进行强化训练，并制定相应的游戏规则，形成内部竞争。

最后，制定相应的制度。制度是一个企业得以正常运转的重要保证，引销学认为，没有文化的制度是无效的。我们在制定制度的同时，要树立一个行动的衡量标准。就自信力的培养而言，我们可以通过定期的通关测试来衡量员工是否达到一定的自信度。衡量标准可以征求员工的意见，综合讨论之后形成团队的行为准则。

通过以上三个方面的努力，我们可以从个人到企业文化再到制度的层面逐渐建立一种基于员工能力本身而形成的行为模式。行为心理学的研究表明，一个人的习惯需要一个月左右的时间就可以养成，而一个团体的习惯则需要三个月左右的坚持才能养成。因此，无论是销售人员个人还是整个销售团队，都需要对上述几个动作进行一段时间的坚持才能显现效果。在具体的实践过程中，我们不仅要对自身的行为进行自我规范，还要不断地进行修正与反思。

后记：让企业销售效率倍增的最后一个秘密

很多人认为销售的力量就是销售团队的力量，这就好像是打仗的时候完全依赖于战士的体格好、敢杀敢拼，一旦打输了，就怪战士一样。

我很推崇的一句话是："铁打的营盘流水的兵。"士兵固然重要，但士兵是流水的，会更换的，所以企业的销售业绩应该依赖于营盘，而不是依赖于兵。

营盘是谁建的？是老板，是销售管理者。千军易得，一将难求，你是常胜将军，好的士兵自然会主动来投奔你。如果销售管理者、老板不懂得怎么建营盘，打一场输一场，然后却怪销售人员士气不高、执行力不强、销售技巧不好，那么再好的销售人员最终也会流失。

所以，这本书教给企业的，就是如何建营盘，从管理者的角度来探讨如何实现业绩倍增，让所有的管理者都知道：

> 成功首先要靠自己，做好了自己，别人才会听你、服你，才会跟着你义无反顾地干下去。如果管理者自身不能先把责任担起来，那么销售团队绝对难有出路。

本书提及销售管理者需要做的基本工作包括引流、沟通、成交和追销四大系统的规划。

创业必做的四大抉择

对于很多创业的朋友来说，方向的选择是创业能否成功的关键。我们常讲的一句话叫作：选择不对，努力白费。因此在引销学的概念里，我们首先强调的就是创业者对于创业选择的有效把握。以下我们就和朋友们分享一下创业中所要进行的四种选择。

一、产品/服务的选择

我们想要创业，首先面对的问题就是干什么。无论你想通过怎样的方式赚钱，首先要做的就是选择特定的产品或服务类型。就现在的经济环境而言，我们有很多种方式来对产品/服务进行分类。

不过在引销学的分类体系中，我们主要把产品/服务分为两种：一是机遇型产品/服务；二是行业型产品/服务。

前者讲究的是如何通过一个市场机遇，形成一种产品/服务，从而通过发展来控制整个市场。后者主要是在已经形成规模的行业里寻找具体的产品/服务，利用行业的主要利润点来获利。

那对于一般的创业者而言，选择哪种类型的产品/服务比较容易获得成功呢？

我们认为行业型的产品比较容易操作。机遇型的产品/服务，不仅需要大量的成本，同时也因缺乏同行而存在诸多市场陷阱，这使得这类产品/服务具有的巨大风险。

我们之所以建议创业者选择行业型的产品/服务，主要有两大因素：其一，有同行进行比较，可以减少很多无用功；其二，投入相对会少一点，风险较低。

很多朋友也许就会问，我们到底应该如何区分一个项目或产品是否属于行业型呢？这个区分比较简单，我们可以将自己要做的产品/服务拿到周围的人中去询问，如果大部分的人都能识别出产品/服务的功能和所处行业，那说明我们的选择就是对的。

对于产品/服务的选择是我们创业能否成功的第一大关键因素，因此，在着手进行各项工作之前，首先就必须认清自己到底是选择行业型的产品/服务还是机遇型的产品/服务。

二、市场的选择

在对产品做出具体的定位之后，我们就要选择好市场。从消费的层次来分，无论我们做怎样的产品/服务，我们所要面对的市场都是三类：高端、中端和低端。

对不同层次的消费阶层来说，他们的关注点是有所差别的。总体而言，低端消费的客户主要处在基本需求的层面，因此他们主要考虑的是价格的问题。

中端消费客户既要有一定的品质，又要比较实惠。

高端客户最讲究的是品质、品位，因为这样才够有面子。

也许是受到中国中庸思想的影响，当我们在做培训的时候，很多学员都习惯于说会选择中端客户来进行市场定位。很多人都认为，中端的市场定位不仅可以满足中端人群的消费，还可以兼顾高端和低端的消费人群，从而达到利润最大化。

但这其实是个很大的认识误区。

通过观察，我们发现，很多做中端客户的人在经济波动中很容易受到影响。比如在前几年的金融风暴中，很多做中端餐饮业的人亏损得很厉害，而高端和低端的依旧发展良好。这其中的玄机何在？

我们知道，对高端消费的人群来说，高消费已经是一种习惯，很难改变。因此无论经济如何变动，很多人都不会太刻意去改变其消费方式。

对于低端消费的人群而言，他们的消费是一种满足生活基本需求的行为。例如我们不可能因为经济环境差就不买米，不吃肉。

但是对于中端消费的人群而言，如果遇到经济不景气的时候，他们的很多需求就可以压缩，从而影响到以他们为目标客户的商家。

因此，我们要对自己的选择有一个非常明确的认识，即将有限的人力、物力、财力放在一定的点上，不要贪图面的扩大。在选择市场时，要么选择高端的，要么选择低端的，将目标锁定在特定的人群上，提高效率。

在对目标市场做出定位之后，我们还要懂得让别人感知到我们自身的定位，最好的办法就是标出价格。因此，我们在做出市场选择之后，在后续的价格定位中一定要显现出我们的定位来，做到产品价格与市场选择相匹配。

三、需求的选择

创业阶段需要处理的第三大抉择是需求。我们必须思考，产品/服务的选择与市场定位背后要考虑的最大因素是什么呢？

稍微懂得心理学的人都知道，心理学中讲需求的大师是马斯洛，他将人的基本需求定位为五个层次。在他的理论中，每一个层次的需求满足之后，人们就会寻求满足下一个层次的需求。

尽管他说得很有道理，让我们可以更深刻地了解自己。但是他五个层次的分类标准很难对我们的日常行为产生具体的参照作用，所以在我的理解中，需求可以分为两个层次：需要和追求。

不同的需求层次所做出的消费行为是有很大差别的。如果一个人的需求主要是一种基本的需要，那么他对产品/服务的要求相对就不会太高。反之，如果一个人的需求主要体现的是一种追求，那他就会十分注重产品/服务的品质。

因此从产品/服务的角度出发，满足需要层面的产品不需要是品牌；满足追求层面的产品则需要塑造品牌。

举个例子来说，在自行车还很少的年代，我们有三大自行车品牌：凤凰、永久和飞鸽。随着时代的发展，自行车逐渐成为一种很平常的代步工具，而不是身份地位的象征，此时，我们再也不去关注自行车的牌子，很多人甚至愿意花更少的钱买二手车。

这一案例提示我们，无论是产品选择还是市场选择，背后都有一个需求的行为在发生作用，我们要始终抓住不同需求的表现方式及对应目标，做出更精准的判断。

四、客户的选择

有了以上的三个抉择之后，我们要做的就是要选择一定的客户作为经营的主要对象。以我的经验判断，很多创业者对客户的分类是没有概念的，认为只要是来消费我的产品/服务的都是客户。

因此很多人都相信“顾客是上帝”这句话，对谁都很用心地去经营，到头来发现不仅很累，而且收益也不甚明显。

其实平心而论，我们有可能对所有的客户都一视同仁吗？我们在潜意识中是否会对一些消费量大的客户态度好一点呢？

这其中的奥妙就在于客户是有不同种类的，我们一般分为三类：目标客户，有效客户和潜在客户。

很多人在进行创业计划的时候，很喜欢将潜在客户纳入到服务考虑范围之中，这就导致我们做了很多无用功。为什么？

因为我们根本无法把握所谓的潜在客户所进行的消费行为，无法确定我们自认为的潜在客户所具有的具体消费能力和消费需求。

所以我们主要的经营对象应该是目标客户和有效客户。有过创业经验的朋友都懂，无论你做哪一行，都会发现你的客户中有一小部分人的消费量会大于大部分人的消费量的总和。我们就称这一小部分人为目标客户，其大约占客户人数的20%，却有可能消费80%的产品。而占80%人数的有效客户，其消费总和却只占消费总量的20%。

因此为了提高效率，我们就要集中精力服务好我们的目标客户，用较低的成本换取更高的业绩。

前阵子我们家附近开了一个川菜馆，饭馆对面有一个7000人的厂子。按理说生意应该不错，但是老板却发现生意没有想象中的火爆，于是来问我们有什么点子。

我们给了他一个小小的策略，就是让他告诉前面那个厂里的员工，只要戴着工牌来饭店消费，就可以打折。这一招真的很管用，既没有对其他地方过来的顾客产生障碍，又增加了吸引力，川菜馆的生意比以前火爆很多。

在这个案例中，有一个很关键的地方是要主动将对目标客户有效的行为告知客户。同时这也告诉我们，只要我们将目标客户锁定，并根据他们的需求制定出相应的经营策略，我们的业绩就会得到很大的提升，而且效率很高。

以上就是我们所总结的创业初期应做的四种选择，希望对朋友们能有帮助。这四点总结只是我们引销学创业指导课程中的一小部分，如有需要的朋友可以继续关注论坛的动态，更欢迎大家分享自己的实战经验，以帮助更多的人实现创业梦想。

创业初期如何定位市场与产品

我们在上一篇文章中讨论了创业初期的四种抉择，那是我们进行创业时的一个基本发展方向设想。如果要真正实现落地，就必须进一步地对我们的产品、市场、目标、方式方法及行为等几方面做出切实的定位。本文先讨论一下如何对市场与产品进行定位。

一、市场定位

大家都知道高等教育中有一门专业叫市场营销，顾名思义，营销是以市场为导向的。因此我们在选择好具体的市场层次之后，要考虑的就是如何寻找到具体的目标客户。

很多朋友都觉得市场这个东西有点虚，有时让人捉摸不透它是啥玩意。在我们看来，市场就是人群。凡是看到有市场二字的地方，我们几乎都可以用人群来代替。

因此，我们说要对市场进行定位，就是要对目标人群进行定位。当我们确定产品和消费主体的层次之后，还要不断缩小目标范围。

我几年前开始做培训的时候，首先想的是聚焦在餐饮行业，并进一步缩小在粤菜方面。我在网上看有不少人做烧腊培训，觉得应该可以做。不过后来发现，我的选择是错误的，我们在技术等各方面都难以和别人竞争。随后我就开始转换策略，想着是否可以寻找一个行业的空白点。

经过分析我发现，砂锅粥的培训似乎还没人做，于是就开始着手。虽然我对煮粥一点都不懂，但我深知借力的重要性，因此请了餐饮师傅过来帮我做培训。此外，我还会到周围各个砂锅粥店去品尝别人的口味，在这一过程中，我也逐渐学会了煮粥的技术，并最终在中国食文化研究会主办的饮食大赛中获得“中国食神”的称号。

通过这一系列的努力，我将砂锅粥的培训做到了比较高的层次。

我举自己的这个案例，主要是要说明细分市场定位对于创业者的发展的巨大促进作用。

在我们缩小了人群范围之后，就会考虑哪个人群最有效，这可以通过过往的信息数据来分析。

我们要坚持一次只做一件事，一次只想一件事。认定一个市场，就想方设法不断缩小目标，将有限的人力物力最大化地投入其中，避免眉毛胡子一把抓，从而提高效率。

总而言之，市场定位就是要将自己的选择缩小在更小的范围内，寻找最具利润点的方面进行突破。

二、产品的定位

我们之前谈产品/服务的选择，主要分为两类，一类是机遇型产品/服务；一类是行业型产品/服务。

我们认为，对于经济实力和能力一般的创业者而言，比较容易获得成功的是选择行业型的产品/服务。

这样的分类和选择，只是一个宏观上的取舍。真正落实到产品的具体特征上时，就必须对产品的类型、品质及信息传播途径做出基本的判断。

我们首先要做的一件事情是为产品/服务/店面取一个合适的名字。产品名/服务名/店名的好坏，直接涉及产品/服务/店铺信息的传播成本。

一般来说，我们人的认知都是从比较容易记、具有具体形象的事物开始的。因此我们在给产品/服务/店面取名字的时候，要遵循两个原则，一个是要有可读性，让人一看就容易记住；另一个是名字最好是具有某个具体的形象，且与产品/服务/店面有很大关联度。

比如我们在做培训的时候，有的学员给自己的粥店取名“三毛甜品粥”。这个名字固然容易让人记忆，可读性很强，但是“三毛”两字显然与这个学员所经营的粥店没有特定的联系，因此这并不是一个很理想的名字。

又有另一位学员将自己的瑜伽馆称为“瑞玛瑜伽馆”，一般人要问上三遍才会知道是哪个瑞、哪个玛，这个名字不仅没有具体的形象，可读性也很差，而且与这位学员经营的瑜伽馆也没有任何关联，因此也不是一个很好的名字。

还有人将自己的武馆称为“精英武道馆”。精英一词虽容易记，但也不是一个具体的形象，如果加入武打明星的一些元素，或许效果会好很多。

课堂上还有很多朋友说了自己的店面或产品名称，但大部分都不是很理想。

大家之所以会在产品取名上出现各种各样的问题，是因为很多人根本没有意识到给产品取名应该遵循上述原则的意义。

无论我们做怎样的一个项目，我们都要考虑到信息传播成本的问题。当我们选取一个既具体形象又容易记忆，且与自己的产品有很大关联度的名字时，我们的产品信息传播成本会降低很多。这个道理很简单。如果我们无意中买了一个很好的产品，当我们想介绍给朋友的时候，却发现名字很难记，这就为我们传播这个产品的信息增加了一个障碍。

或者说我们用过一个不错的产品，但是始终无法找到一个具体的词语来形容其功效，那也会对我们转介绍给朋友产生阻碍。

反之，若是我们能找到一个容易记忆又有具体形象的词汇来形容产品，那产品的信息就更容易被传播出去。比如以前做砂锅粥培训时，我给自己的培训网站取名“红灯笼”。这个名字容易记住，而且“红灯笼”的形象也比较鲜明，因此方便客户联想。

所以说，要对自己的产品进行细致定位，首先就要给产品取一个好的名字。此外，我们还要将产品的具体性能以及顾客可以获得的结果描述清楚，这个环节做不好，也会让很多人误解。

比如我们王紫杰老师早先对学员说要开网校，他解释了很久，很多人还是无法理解他的具体意思，最后他用了一句话解释：

我只想开一个网上新东方。

这句话起到立竿见影的效果，很多人这才恍然大悟地点头。

在这个案例中，王老师用一个大家都明白的概念来解释自己的想法，结果事半功倍。

这也提醒我们，在描述产品服务特征时，我们需要做的是尽量用两句话以内的篇幅来描述顾客所能获得的具体结果。

在描述产品特征的时候，我们要尽量用两句话以内的篇幅来概括产品所能为客户带来的最主要的价值。

通过一两句话的描述，让客户明白我们产品的品质与市场定位，从而与产品名称一起成为产品得以推向市场的重要参照信息。

当然对产品和市场的具体定位与塑造，需要更多的信息才能达成，例如做市场调查、对自身具体经营行为进行规划等，我们将另撰专文来详细讲解。

三大定位助您创业事半功倍

定位是我们创业是否顺畅最重要的保证之一。除了对市场、产品有准确的把握，明确两者的定位外，我们还要对基本的目标、达成目标的方式方法以及具体行为进行细致的定位，确保每一步都有效率。

一、目标定位

我们在上课培训的时候，曾经问过一些学员他们的目标。有个学员回答说，业绩翻倍是她的目标。没错，这是目标描述的一种方式，不过还是过于模糊。

第一，这个目标没有规定具体的时间，因此实现目标的时间期限不够明确。

第二，达成目标所需要的条件也没有给出解释。

通过这个案例，我们可以看出，所谓目标，就是一个可以详尽描述的具体结果。我们要对我们的业绩目标做出相应的规定，就必须让这个目标清晰可见，最好用数据化的形式标示。

引销学尤为注重在短时间内实现既定目标，我们一直提倡一时一地只做一事，讲求效率第一。因此我们建议要创业的朋友们尽量围绕自己的产品及市场情况来细致写出自己在一定时间内所要达到的业绩。

只有我们的目标定位明确了，我们才能围绕这一目标寻找到最佳的方式方法及行为模式。也可以说，在产品和市场的基础上所做的目标定位是方式方法与行为模式目标基本的参照。

二、方式、方法定位

有了具体的目标，我们就必须寻找适当的营销方式开展销售或宣传工作。根据我们的观察，在产品的宣传方面，很多朋友喜欢独树一帜，讲求创新。有相当一部分人认为，只有采取独特的宣传方式，才会让目标客户更容易了解到产品的信息。

我们对这样的做法不太赞同。因为讲求与众不同的宣传方式，不仅要花费相当大的时间成本，还要面对人群的考验，具有很大的风险。一旦我们选择的宣传策略达不到预期效果，就相当于浪费了最佳的宣传时机，增加了我们的信息传播成本。

所以，要想在短时间内达到良好的宣传效果，首先要从竞争对手身上寻找更加有效的途径。

这就涉及行为成本最低的一种方式：模仿。模仿是人的一种天性，我们从小到大都是在模仿中不断地积累自己的知识与生活经验。只要我们留意，就会发现，只有通过模仿竞争对手的一些策略和行为，我们所要付出的成本才会降低。

当然，我们所说的模仿，并不是说要照抄对方的所有做法。我们追求的是在竞争对手的一些策略和行为的基础上寻找到自己能够突破的点，从中寻找到提高效率的方法。

比如很多网吧的鼠标垫会放着附近快餐店的宣传信息，我们如果要在附近开一家快餐店，同样也可以找网吧老板打广告。我们可以选择在电脑桌面植入我们的广告，同时告诉服务员，只要客人点我们的餐，就可以有适当的打折优惠。

如此一来，我们一方面在同样的目标客户身上传达了我们的信息，另一方面也省去了很多挖空心思才能想出的宣传策略。

总而言之，营销、宣传的方法多种多样，我们做事的方式方法是否正确，决定了我们付出成本的多少。对于刚刚创业的众多朋友而言，要做的就是要在有限的条件里发挥模仿的力量，以竞争对手为导向，寻找最有效的营销方式方法。

三、行为定位

引销学认为所有的结果都是由行为导致的。我们只有将所有的目标和计划落实到实践层面才能获得真正想要的结果。因此我们对自身经营行为的定位，是几大定位之中最重要的方面。

所谓对行为进行定位，就是要计算出产品收益背后所要付出的行为成本。比如我们想让店面的营业额在一年内达到 300 万，那么就要计算出平均每一天所要达到的营业额：

3000000 ÷ 10 ÷ 30 = 10000（元）

通过这个计算方式，我们就可以知道平均每天的营业额需要达到的数量。有朋友可能会问，为什么我们要除以 10（月），而不是 12（月）？

原因在于我们要把假期计算在内，找出实际经营的时间。在参考这个具体的数据的情况下，我们就必须根据收支情况来安排营业员的数量，确定每个人的劳动量，从而确定其具体的行为。

作为所有定位中最实际的一种，行为定位要细化到每一天所要做的行为，而且要明确需要做多少次。

比如上次有一个学员，我们通过数据分析发现，他如果每天都能发出二十张以上的名片，业绩就可能达到五十万。于是我们在进行行为定位时，就细化到让他每天发二十张名片，而且是有目的地发，注重效率。

讲到细化，我们就必须落实到数据的层面。我们的行为只有建立在数据分析的基础上，才有可能达到想要的结果。如果结果不对，说明数据有问题。

想要数据比较清晰可靠，最重要的是要学会做市场调查。我们在做培训的时候，曾经问过在场的学员如何做市场调查，大家大概提供了三种方法：

方法一：通过发放问卷的形式。

方法二：去竞争对手的场所看。

方法三：直接通过付费的方式跟有数据的人购买。

第一种方法相信很多人都经历或接触过，起初很多人都相信那是比较科学的市场调查方法，但是事实证明，这其实只是我们一厢情愿的想法，事实并非如此。

例如百事可乐就曾经这么做，在做了问卷之后，根据很多消费者都选择的特征进行产品生产，在前四个月有非常好的效果，但是四个月后销量却急剧下降，其中的原因何在？

后来很多人通过分析发现，问卷调查上的选项，有95%的人是出于好奇心而做出选择。但是人的好奇心最多只有三个月有效期，之后就逐渐消失了，这就是百事可乐失败的原因。

因此，倘若我们想深入地去了解目标客户心目中比较中意的产品特征或服务形式，最好的办法不是到大街上去做问卷调查，而是想办法成为我们竞争对手最好的客户。通过我们的肉眼观察其经营行为，同时通过与他们的买卖交易获得更多的市场信息。

透过众多信息和相关数据，我们可以从中选取适合自己发展的突破点，从而实现行为上的优化，减少大量无用功。

上述内容讲到的三个定位与之前谈到的两个定位，其实都是一体的，是我们引销学定位系统的五大关键要素。至于在实践过程中如何让我们的行为更加系统化，还需要更多的交流与分享。

如何让引流合作更加顺畅

我们引销学最注重借力，讲究如何通过第三方将我们的信息传播出去，实现自动化引流。不过在具体的运用中，很多朋友会遇到各种各样的困难，其中最普遍的是找到了合作对象，但是合作成功率不高。对此，我们通过总结分析来提出一些解决的办法，希望可以帮到大家。

一、合作对象需要零成本获利

我们在进行借力的过程中，之所以会遇到拒绝的情况，很可能是因为我们提供的“驱动力”不够强。很多老板都有防备的心理，会觉得你这样做是否有什么企图。在看不到自己的利益的情况下，很多人是不会轻易答应合作的。

所以在与合作对象交流的过程中，最重要的一点就是必须搞清楚对方最关心的利益点何在，并对他能取得的利益进行描述。

比如我们之前讲名片营销术时，曾经谈到让保险公司经理为我们传播信息的案例。经理之所以会愿意将印有我的广告信息的名片送给客户，主要的原因就是他能获得一定的利益。

如果他的客户正好是做销售的，看到“在不增加投入的情况下，保证销售型企业在12月内业绩翻倍，否则分文不取”的承诺，客户肯定会找他要我的信息。

如果他能够为客户提供我的联络方式，从而间接地帮助该客户实现业绩翻倍，那么他自己的信任度肯定也会提升，间接地也会为他带来收益。由于他的名片也是我出钱帮他做的，因此在这些过程中他无需花费一丝成本。

只有找到了可以为合作对象带来更多利益的办法，我们才有可能顺利地展开更进一步的交流。

二、隐藏自己的利益点

当我们找到适合的合作对象之后，无论规划任何的方案，都必须将自己的利益点隐藏起来，让对方感觉不到我们的企图心。

试着换位思考一下，如果我们是商家，别人来找我们合作，我们最担心的是什么？

我想很多人最担心的应该就是怕被人利用，吃力不讨好。

因此当我们与合作对象交流的时候，无论我们提出怎样的合作方案，都必须坚持利他的信念。让对方感觉到他能够在合作中获得实实在在的利益，同时，不能显现自己的任何获利点，要让对方感觉合作是对他百利而无一害的。

三、详细描述合作主张，让合作更顺畅

我们在讨论销售中的交易时，非常强调成交主张的描述。其中涉及一个非常重要的概念，那就是“驱动力”设计。简而言之就是让客户明白他购买产品之后获得的结果如何。

成交主张的思维在我们寻找合作对象的时候同样也是适用的，我们称之为合作主张。

无论我们有多好的设想，都必须运用特定的话术来向合作对象展示我们的主张。因此合作主张描述的好坏，是合作能否顺利达成的关键。与此同时，合作主张是否描述清楚，同样也是我们的合作能否提高引流效率的关键。

合作主张的描述一般包含两个方面：一个是让对方明白合作之后可以为他带来的利益，这个利益必须是可以识别的；另一个是要在合作对象身上植入一些行为指令。

比如我们如果是卖家具的，当我们在与建材店老板谈合作的时候，不仅要让老板明白合作对他增加客户的作用，还要准备一定的信息让老板传达给他的客户。

第一是让老板告诉他的客户现金券的使用方式。第二是让老板简单介绍一下我们的情况，并直接说，如果拿他的名片来领家具，可以在购买其他家具时享受打折优惠。

通过这样简单的方法，不仅可以提高合作对象的业绩，同时也为我们提前提高了客户的信任度，可谓一举两得。

搞促销活动的三大原则

前言：前两天有朋友在网上问关于促销的问题，我们只做了一些粗略的回答。现在我们把自己的思路整理成文，希望能对有类似困惑的朋友有所帮助。

只要是有开店经历的朋友都知道，无论哪个行业，我们要提高销量都需要一定的促销行为。不少朋友认为，促销其实很简单，无非就是三个步骤：

第一，派发活动传单，做宣传。

第二，筹划打折优惠或准备礼品、赠品。

第三，为前来消费的顾客进行打折或派送礼品、赠品。

很多人都以为只要隔一定的时间搞些促销活动，我们的销量就没有问题，其实这也是认识的误区。要想使促销活动对我们增加销量更有帮助，就要好好考虑以下三大因素。

一、促销要在淡季搞

开展促销活动首先要注意的是时机选择的问题。除了店庆等活动之外，我们还要考虑在怎样的时间段做促销活动比较好。

无论哪个行业，都会分淡季和旺季，就拿一个小的饭馆来说，不仅在一年之中有淡季、旺季之分，一个月、一周甚至一天之中，也会有客流量上的变化。有些朋友为了扩大知名度和增加回头消费，选择在旺季做促销，本想借助巨大的流量来创造更多流量，但是事后发现付出的成本非常大，效率却并不高。

出现这一问题的原因很简单，无论是打折还是送礼品，我们的促销活动总是要付出不小的成本。人流量越大，我们付出的就越多。如果遇上很多一次消费的顾客，那么我们的促销活动就难以达到想要的效果。

因此我们提倡在淡季搞促销。一方面，我们可以通过促销活动将有限的流量从竞争对手那边争取过来，提高我们在同行内的竞争力；另一方面，我们在淡季搞促销活动也会因流量有限而降低成本。

二、为同行所不为

随着同行业产品竞争的愈演愈烈，产品的同质化不仅越来越严重，服务的同质化趋势也日渐明显。促销活动作为大部分商家都会用的一种营销手段，在方式方法上也是日渐趋同。

在此情况下，我们只有为竞争对手所不为，方能提高我们的促销效率。

一般而言，商家促销无外乎打折和送礼品两种方式。我们建议尽量不要通过商品打折的方式来进行促销。从人的价值观角度看，商家对产品进行打折优惠，不仅会降低产品的价格，还会使产品的价值受到贬损。即使顾客用优惠价买了一款产品，其心中对产品的满意度也很难达到100%。

如果我们是顾客，当我们走进一家全部产品都在打折的店里买衣服时，头脑中还是会觉得商家仍有很大的利润空间，我们依旧没有什么便宜可占。

因此，要想让客户有物超所值的感觉，就必须选择适当的礼品或赠品来提高产品的附加价值。我们宁愿将打折之后的差价用来买适当的礼品，也不要直接折合成现金扣除。

至于送怎样的礼品，要用两个衡量标准做参照：一是寻找目标顾客的共同特征，尽量选一些符合目标顾客需求的礼品；二是一定要与竞争对手有差异，而且尽量要比竞争对手的礼品好。

只有做到用心挑选及有别于竞争对手，我们所设置的礼品促销活动才有可能获得更好的效果。

三、给个理由再送礼品

在选好礼品之后，很多朋友会在顾客成交之后直接送出，没有太多的解释。我们要明白，所有的人对白白获得的东西都不会太上心，不是认为肯定不值多少钱，就是觉得质量不会好到哪里去。

针对这种大众心理，我们在赠送礼品的时候，不仅要有一个统一的理由（比如店庆、搞活动等），更要对接受礼品的顾客讲述与其相关的一些内容。比如同样是送礼品，我们会对消费额比较高的顾客说："您是我们的第×顾客，因此特别送上××。"让对方感觉他是比较受重视的。

此外，我们还要顺带对所赠送的礼品进行一些描述，让顾客体会到礼品的价值所在。

通过这种方法，我们不仅能让顾客满意，同时还能让他们通过我们的简单陈述感觉到我们服务的用心，最终实现再销与口碑宣传。

四、小结

搞促销活动是商家经常做的一种行为，在此我们只提出了宏观上需要注意的方面。我们不仅要坚持做促销活动，更要懂得如何隐藏自己的促销策略，以防止竞争对手的模仿、抄袭，保持自己的优势和特色。